Anja Werneke | Nicola Wollweber

Mit der kleinen Raupe den Gefühlen auf der Spur

Empathiefähigkeit im Anfangsunterricht fördern

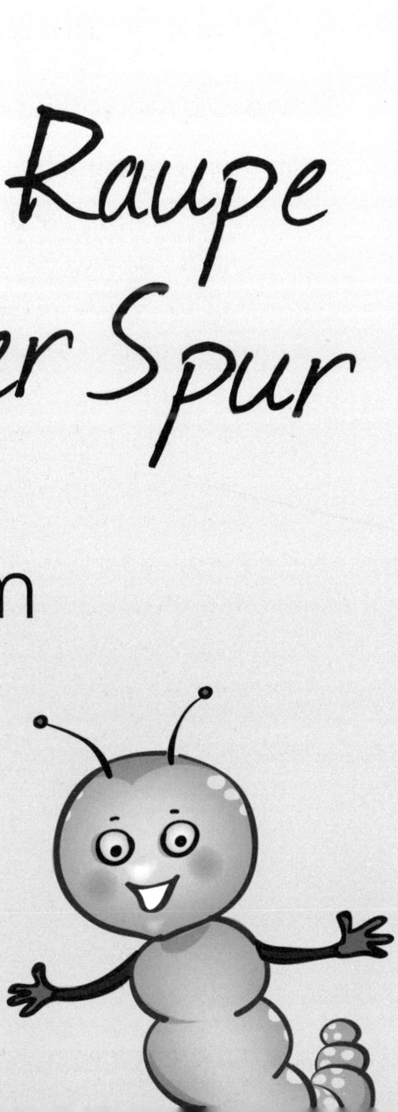

Verlag an der Ruhr

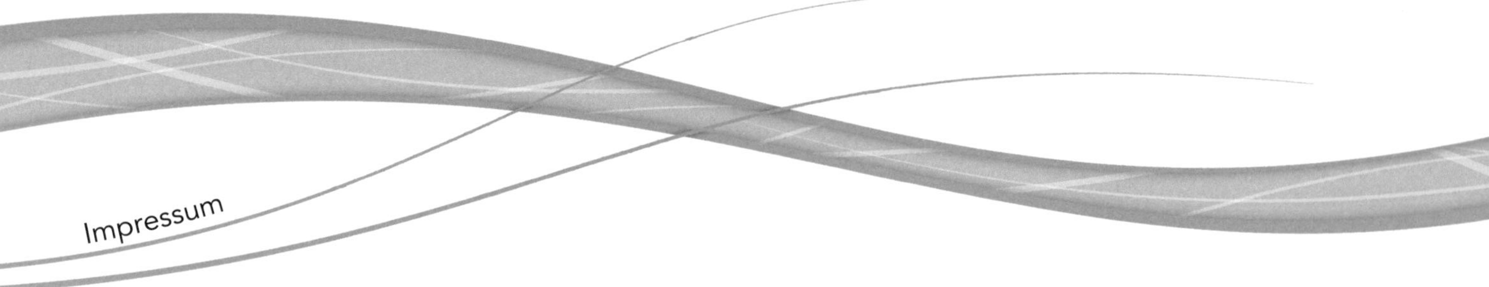

Titel
Mit der kleinen Raupe den Gefühlen auf der Spur
Empathiefähigkeit im Anfangsunterricht fördern

Autorinnen
Anja Werneke, Nicola Wollweber

Umschlagmotive
Hintergrund: © Gagarin; Junge wütend: © kmit; Mädchen fröhlich: © IKO;
Kinder in der Mitte: © Jose Manuel Gelpi – alle Fotolia.com; Raupe: Dorothee Wolters

Illustrationen
Rahmenlayout Raupe: Dorothee Wolters; Wellen: © Gagarin – Fotolia.com

Druck
Heenemann GmbH & Co. KG, Berlin, DE

Verlag an der Ruhr
Mülheim an der Ruhr
www.verlagruhr.de

Geeignet für die Klasse 1

ISBN 978-3-8346-2237-2

Inhaltsverzeichnis

Zu Beginn zwei alltägliche Fragen:

Wann haben Sie zum letzten Mal beim Ansehen eines Filmes geweint?

Oder hatten Sie nur Tränen in den Augen, haben dann aber versucht, „Fassung" zu bewahren, weil noch andere Personen anwesend waren? Warum lösen „Bilder im Kopf" Emotionen bei uns aus, und wie gehen wir mit diesen Emotionen um?
Jeder Mensch hat seine eigene Persönlichkeit und seine individuelle Biografie, die ihn und seine Handlungsweisen prägen. Manche Menschen haben ein hohes Maß an Empathie, sie können bei der emotionalen Filmszene hemmungslos mitweinen, lachen, sich für andere freuen und denken noch tagelang über die Handlung nach – mehr oder weniger emotionsgeladen. Andere hingegen fühlen kurz mit – oder auch nicht: „Es ist halt nur ein Film", der vielleicht in den Augen des Betrachters mit der Realität nichts zu tun hat. Doch wie weit können wir Gefühle oder Mitgefühl überhaupt zeigen? Und welche Konflikte können dadurch mit der Umwelt entstehen? Sicherlich keine, wenn alle Menschen im Kino laut mitweinen. Wenn sich aber alle prügeln, weil die Handlung Wut oder Aggressionen auslöst? Wir als Erwachsene haben diese Gefühle weitestgehend im Griff, wir kennen die Konsequenzen, die sich ergeben, wenn man seiner Umwelt Gefühle deutlich zeigt.
Wir haben gelernt, mit Emotionen umzugehen, wissen meistens, wann wir sie öffentlich zeigen können und wann es besser ist, sich zurückzuziehen. **Kinder haben diese Erfahrungen noch nicht und konfrontieren uns daher oft mit unvorhersehbaren Gefühlsausbrüchen jeglicher Art**. Bis zum Alter von ca. fünf bis sechs Jahren wissen sie einfach noch nicht, wie diese Ausbrüche auf das soziale Umfeld wirken. Klar, ein Kleinkind weiß: Wenn ich nur allzu oft quengele, wird die Mutter schwach, und die Schokolade kommt früher oder später in meine Hand. Dieses Kind hat aber keinerlei Vorstellung darüber, warum die Mutter jedes Mal erst so genervt ist. Es kann sich auch nicht im Geringsten vorstellen, dass die schmierige Kinderhand der Mutter unangenehm ist, sie sich vielleicht ekelt, oder Schokolade einfach ungesund findet. Es ist ihm schlichtweg egal. Das Kind kann sich einfach noch nicht in die Gefühlswelt der Mutter beim Anblick der Schokolade in der Kinderhand hineinversetzen. Es weiß nur, dass Quengeln hilft, an die geliebte Süßigkeit zu kommen.
Mit diesem Buch wollen wir mit Hilfe von Geschichten über eine kleine Raupe die Empathiefähigkeit fördern, indem wir den Kindern erst einmal die eigene Gefühlswelt bewusst machen. Gefühle, wie Freude, Angst oder Wut, werden differenziert, thematisiert, nachempfunden und nachgespielt. Die Kinder können das „Kribbeln im Bauch" spüren, wenn die kleine Raupe etwas empfindet. Dieses Kribbeln kennt jeder Mensch aus eigener Erfahrung, nicht jeder kann es jedoch verbalisieren oder weiß, damit umzugehen. **Erst im Laufe unseres Lebens lernen wir, Gefühle zu erklären und in Kommunikation mit anderen Menschen zu äußern**. Die Transaktionsanalyse von Eric Berné dient uns als Hintergrund für unsere Arbeit, da durch sie die Struktur der menschlichen Persönlichkeit visuell darstellbar ist und

Emotionen sowie Handlungsweisen zugeordnet werden können. Außerdem sehen die Kinder, wie Handlungsstrategien funktionieren und dass sie es „selbst in der Hand haben", wie stark sie sich von Emotionen beeinflussen lassen und welche Handlungsmöglichkeiten sie z.B. in Angstsituationen haben. Sich zuerst darüber bewusst zu werden, dass man Angst hat, und dann auch Hilfe zu holen, ist bei vielen Kindern sicherlich ein normaler Reflex, muss aber dennoch verdeutlicht und verinnerlicht werden, um unsere Kinder vor Gefahren zu schützen und fürs Leben zu stärken. Angst gehört nun mal dazu – bis zum Lebensende. Neben den „negativ" besetzten Gefühlen soll aber vor allem die Lebensfreude im Vordergrund stehen, denn auch die kann man gemeinsam in der Gruppe erleben und ausleben.

„Hallo! Wie geht es dir?"

Wie oft hören wir diese Frage, und wie unterschiedlich beantworten wir sie? Erwartet das Gegenüber eine einfache Floskel, wie „Danke – mir geht's gut!", oder habe ich eine engere Beziehung zum Kommunikationspartner und erzähle etwas von meinen derzeitigen Gefühlen?

Kommunikation verläuft auf verschiedenen Ebenen: Gespräche sind entweder oberflächlich, sachlich oder emotional geprägt. Dabei kommt es auf das beiderseitige Einfühlungsvermögen an. Wer gefragt wird, muss sich sofort überlegen, wie das Gegenüber die Floskel gemeint hat: Fühlt er sich objektiv befragt oder persönlich getroffen? Soll er ehrlich oder lieber „Danke, ganz gut!" antworten, um über seinen persönlichen Zustand nicht berichten zu müssen? Wer ist mein Gegenüber, und was erwartet es? **Ist es eine alltägliche Floskel ohne Hintergrund, einfach nur höflich gemeint, oder ist es ein ehrliches Interesse an der eigenen Person?** Gelingt es dem Gefragten nicht, dies schnellstmöglich zu erkennen und die passende Antwort zu geben, kann das weitere Gespräch zu Missverständnissen oder sogar zu Konflikten führen. Sprachliche Kommunikation in Konfliktsituationen gestaltet sich besonders schwierig, und Erwachsene können sie auf Grund ihrer Lebenserfahrung meistern (oder auch nicht). Kinder hingegen können dies noch nicht und müssen erst lernen, sich in Gesprächen nicht nur sprachlich zu artikulieren, sondern sich auch einzufühlen. **Erst ab dem vierten Lebensjahr beginnen Kinder, Empathie zu entwickeln.** Wie lange dieser Prozess dauert, ist nicht zu sagen. Immer wieder begegnen uns Situationen im Leben, wo es uns schwerfällt oder sogar misslingt, uns in die Situationen oder Gefühle von Menschen hineinzuversetzen.

Für Kinder sind hier nicht nur die eigenen Erfahrungen von Bedeutung, besonders wichtig sind auch die Vorbilder und Hilfestellungen von Eltern und Pädagogen. Hier hilft es, nicht nur in auftretenden schulischen Konfliktsituationen zu reagieren (u.a. auch in Streitschlichterprogrammen), sondern vorbeugend zu arbeiten. Hier setzen unsere Unterrichtsreihe und unsere Vorschläge für die Arbeit in der Schuleingangsphase an: Die Kinder sollen Handlungskompetenzen im Umgang miteinander und mit sich selbst erwerben. **Durch die einzelnen bungseinheiten**

lernen die Kinder neue bzw. alternative Handlungsstrategien kennen und verinnerlichen sie. Mit diesen neuen Erfahrungen erweitern sie ihre Kompetenzen, um z.B. in Konfliktsituationen, die ihnen Angst machen, Strategien zur Bewältigung dieser Situationen anwenden zu können. Gleichzeitig führt dies zu einer Stärkung des Selbstbewusstseins und des Selbstvertrauens.

Auf Grund unserer Erfahrungen richtet sich unser Projekt hauptsächlich an Kinder zwischen dem sechsten und siebten Lebensjahr, also Lernanfänger im ersten Schuljahr. Eine individuelle Umsetzung ist ebenso für den heilpädagogischen Bereich möglich. Hierbei müssen natürlich der jeweilige Entwicklungsstand und die entsprechenden Kommunikationsmöglichkeiten der jeweiligen Kinder besonders berücksichtigt werden.

Im Vordergrund steht jedes Kind mit seinen individuellen Erfahrungen. Inhaltlich besteht das Projekt aus neun Geschichten über eine kleine Raupe, die unterschiedliche Erfahrungen mit Emotionen (Wut, Angst, Freude etc.) macht und, damit verbunden, verschiedene Handlungsstrategien entwickelt.

Über die neun Fantasiegeschichten können die Kinder in das jeweilige emotionale Thema langsam einsteigen. Die Übungseinheiten sind methodisch abwechslungsreich gestaltet, daher auch fächerübergreifend einsetzbar und individuell veränderbar.

Theoretischer Teil

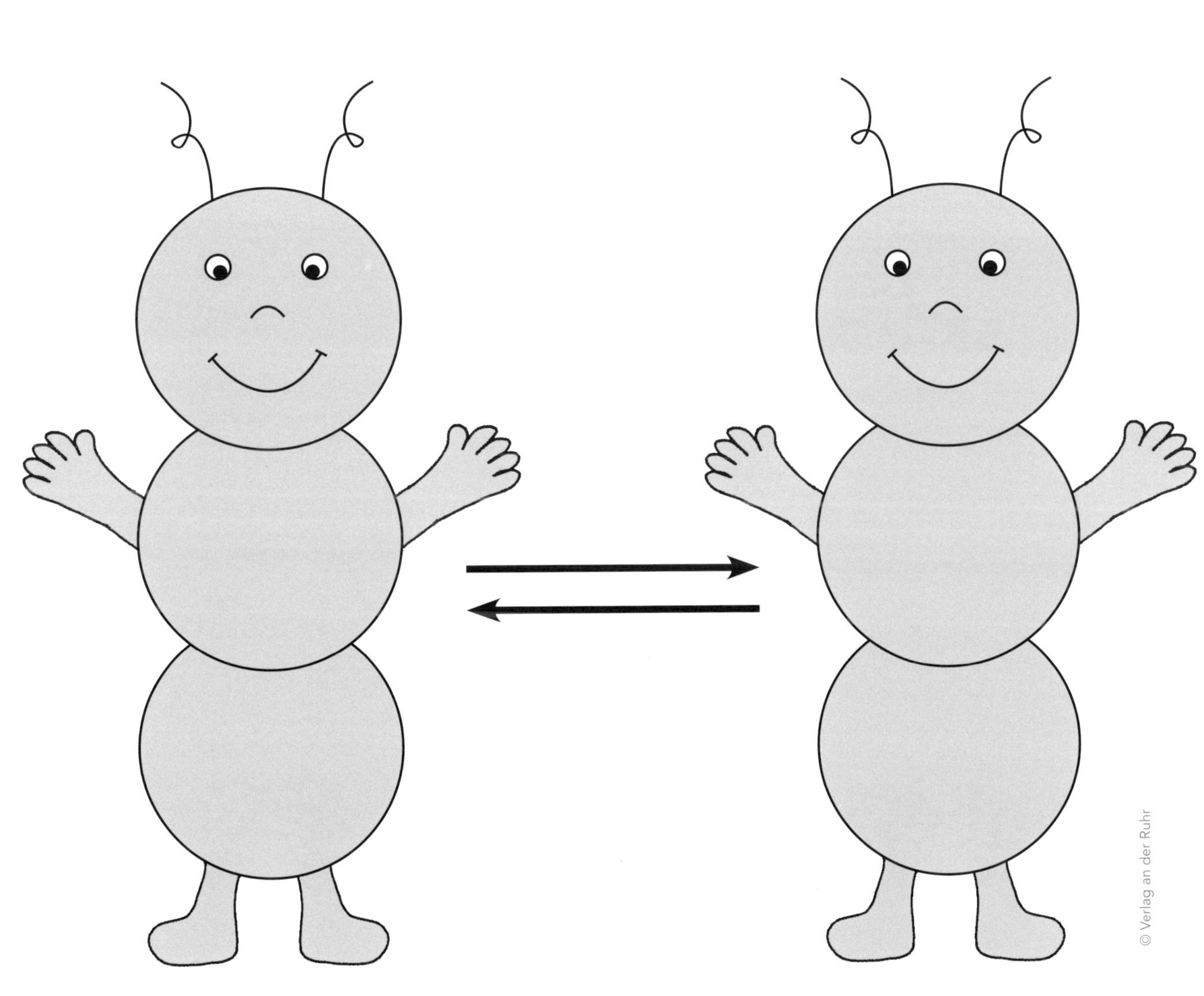

Ziele des Projekts

Allgemeine Ziele

Unser hauptsächliches Anliegen des Projekts ist, die **Empathiefähigkeit** von Kindern zu wecken, zu fördern und weiterzuentwickeln. Das Einfühlungsvermögen der Kinder zu Beginn der Schulzeit ist sehr unterschiedlich. Es ist nicht nur von ihrer jeweiligen Biografie abhängig, sondern auch von der einzelnen Gruppenzusammensetzung, in der sich die Kinder gerade befinden. Das Gleiche gilt für die **Konfliktfähigkeit**. Unser Projekt hat daher auch einen heilpädagogischen Ansatz.[1] Konkret handelt es sich um eine heilpädagogische Übungsbehandlung (HPÜ), die sich sowohl mit einer Schulklasse als auch in Kleingruppen mit unterschiedlichem Förderbedarf durchführen lässt. Die einzelnen Einheiten sind natürlich dem jeweiligen Therapie- und Entwicklungsstand des einzelnen Kindes bzw. der Gruppenzusammensetzung anzupassen. Da die Heilpädagogik individuell gestaltet, lassen sich unsere Ausarbeitungen nur allgemein darstellen und müssen jeweils entsprechend verändert werden.

Lernziele für den Unterricht in der Grundschule

Die Kinder sollen sich die eigenen und fremden **Ich-Zustände bewusst machen** (s. Transaktionsanalyse) und dadurch **Empathiefähigkeit entwickeln**. Ihre praktischen Handlungsfähigkeiten und -möglichkeiten im Umgang mit anderen Kindern werden dadurch verbessert. In den einzelnen Stunden haben sie die Möglichkeit, ihre Empathiefähigkeit bewusst zu erleben und zu verfeinern, indem sie sich in die Raupe hineinversetzen und ihre Gefühle in **Bildern ausdrücken**.
Sie lernen, **über eigene Gefühle zu sprechen**, und erkennen, dass auch andere Kinder diese Gefühle haben. In Rollenspielen kann die vielfältige Gefühlswelt ausprobiert und nachempfunden werden. Zudem sollen die Kinder lernen, reflektierende Gespräche zu führen. Über die Geschichten der Raupe und die damit verbundenen Gespräche über ihre Erlebnisse erfahren und erlernen sie **Konfliktlösungsmöglichkeiten**. Über diese Prozesse werden sie **handlungsfähiger im Gruppenalltag**, was sich vor allem positiv auf den Klassenzusammenhalt auswirkt. Weitere Feinziele werden in den einzelnen Stundenbildern ersichtlich.

Bezug zum Lehrplan der Grundschule (NRW)

Das ganze Konzept ist fächerübergreifend angelegt (Deutsch, Sachunterricht, Religion/Ethik, Musik, Kunst). Aus dem Lehrplan ergeben sich u.a. die folgenden Schwerpunkte, die bei der Erstellung der Arbeitspläne für die einzelnen Unterrichtseinheiten hilfreich sein können[2]:

Deutsch

Wie bereits in der Einleitung erwähnt, sollen die Kinder in gegenwärtigen und zukünftigen Lebenssituationen handlungsfähig sein. Die Raupe durchlebt diese alltäglichen Lebenssituationen, die eng mit der emotionalen Lebenswelt der Kinder verknüpft sind[3]. Hier helfen anregende Gesprächs- und Erzählanlässe über die Erlebnisse der Raupe den Kindern beim Erzählen eigener Erlebnisse.
Die Handlungen der Raupe werden gemeinsam besprochen und erarbeitet (demokratische Handlung). Die Raupe dient dabei als Identifikationsfigur.
Zentrale Schwerpunkte sind hier das Sprechen und Zuhören sowie das „soziale Handeln"[4] neben dem Üben von mündlicher Verständigung. Das entspricht genau der Grundlage der Transaktionsanalyse für eine gelungene Kommunikation. In den einzelnen Stunden werden in szenischen Spielen Erlebnisse verarbeitet. Das reflektierende Gespräch hilft, die Ausdrucksmöglichkeiten und damit die Persönlichkeit der Kinder zu entwickeln[5].

Sachunterricht

Die Einheit zielt auch bzw. vor allem auf die „Entwicklung von Kompetenzen", die Kinder erlernen müssen, um sich in ihrer Lebenswelt zurechtzufinden, sie zu erschließen, sie zu verstehen und sie verantwortungsbewusst mitzugestalten[6]. Die Erlebnisse der kleinen Raupe und die daraus resultierende eigene Verarbeitung und Gestaltung der Geschichten tragen im Wesentlichen dazu bei, den o.g. Auftrag zu erfüllen. Schwerpunkt ist hier der Bereich „Mensch und Gemeinschaft".

Religion/Ethik, Musik, Kunst

Die Schwerpunkte in diesen Fächern ergeben sich in den einzelnen Unterrichtseinheiten und werden dort gesondert aufgeführt.

Die Transaktionsanalyse nach Eric Berné

Die Wertschätzung der eigenen Person und die der anderen ist ein Gut, das auf Grund von Leistungsanforderungen der Gesellschaft, der Eltern und an sich selbst immer mehr in den Hintergrund gerät und vor allem im Unterricht nur schwer vermittelbar ist. Kommunikation im Unterricht läuft häufig nur zwischen Lehrer und Kind ab. Wenn Kinder untereinander kommunizieren, tun sie dies letztendlich wie wir Erwachsene. Ihre Gespräche verlaufen so, wie sie es zu Hause oder in der Gruppe erlernt haben:

- ✓ „positiv" – die Kinder verstehen sich, oder
- ✓ „negativ" – durch Missverständnisse kommt es zu Konfliktsituationen.

Mit unserem Projekt möchten wir die Kommunikation der Kinder untereinander positiv beeinflussen und ihren Erfahrungsschatz erweitern.

Zur Umsetzung der Hauptziele unseres Projekts, nämlich Konflikt- und Empathiefähigkeit zu fördern, legen wir Eric Bernés (1910 – 1970)

Theorie zu Grunde. Der Psychotherapeut entwickelte ein eigenes Konzept von Persönlichkeit, sozialer Interaktion und Psychotherapie in den 1940er- und 1950er-Jahren: die Transaktionsanalyse (TA)[7].
Sie berücksichtigt insbesondere die einzelnen Entwicklungsstufen der Kommunikation.
Der TA liegt das Menschenbild der humanistischen Psychologie zu Grunde: Der Mensch wird als Ganzheit und einzigartige Person gesehen.[8] Selbstbestimmung und Eigenverantwortlichkeit spielen dabei eine große Rolle. Die sozialverantwortliche Selbstverwirklichung und das Wachstum jeder einzelnen Person sind die Hauptziele einer möglichen Therapie. Hier setzt auch unser Ansatz an.

In der TA gibt es bestimmte Grundüberzeugungen. Stewart und Joines, die sich eingehend mit der Theorie Bernés auseinandersetzten, benennen diese:
„Die Menschen sind in Ordnung. Jeder hat die Fähigkeit zum Denken. Der Mensch entscheidet über sein eigenes Schicksal und kann seine Entscheidungen auch ändern."[9] Die Aussage, dass Menschen „in Ordnung" sind, ist für uns die wichtigste These, um mit der TA praktisch arbeiten zu können. Jeder ist es wert, akzeptiert zu werden. Dennoch kann das Verhalten eines Menschen in Frage gestellt werden, der Mensch als Wesen jedoch nicht. Dieser Grundsatz ist ebenso wichtig wie die Einstellung, sich auf gleicher Ebene zu befinden. Der Therapeut/Erzieher/Lehrer[10] soll hier als Begleiter auftreten und nicht als „Führer" mit dem erhobenen Zeigefinger moralische Leitlinien vorgeben und bestimmen, was richtig oder falsch ist. Wir wollen jedes Kind unvoreingenommen annehmen und begleiten, denn es gilt auch: „Alle Kinder sind in Ordnung."

Ziel der TA ist die Autonomie des Menschen. Ihr liegt die Überzeugung zu Grunde, dass Menschen in der Lage sind, Verantwortung für ihr Verhalten und ihre Gefühle zu übernehmen. Das bedeutet, dass jeder Mensch auch im Stande ist, sein Verhalten und seine Gefühle zu verändern.

Bernés TA stützt sich auf vier Säulen, die im Folgenden näher betrachtet werden sollen: die Strukturanalyse, das Kommunikationsmodell, die Skriptanalyse und die Spielanalyse.

Die Strukturanalyse

Jeder Mensch verfügt über drei Ich-Zustände, aus denen heraus er reagieren kann:[11]

Eltern-Ich, z.B. kritisches/kontrollierendes oder fürsorgliches/unterstützendes Eltern-Ich

Erwachsenen-Ich

Kind-Ich, z.B. angepasstes, natürliches/freies/spontanes oder rebellisches Kind-Ich

Diese drei Ich-Zustände entwickeln sich im Laufe des Lebens bei jedem Menschen und sind unterschiedlich stark ausgeprägt. Demnach können Menschen auf der Ebene des Kind-Ichs, des Erwachsenen-Ichs oder des Eltern-Ichs handeln, je nachdem, von welchem Zustand sie sich am stärksten leiten lassen. Jeder Mensch kann sich somit je nach Situation unterschiedlich verhalten. Nach Berné ist es wünschenswert, wenn man jeweils aus dem Ich-Zustand heraus reagiert, der am besten der aktuellen Situation entspricht.

Kind-Ich (K)

Hier bestimmen die Gefühle die Handlungen eines Menschen. Das Kind-Ich entwickelt sich zwischen den ersten Lebenstagen bis zum Alter von ca. sechs Jahren. Diese Entwicklung prägt auch noch Handlungsweisen im Erwachsenenalter. „Selektion und Verarbeitung von Informationen sowie Handlungen in diesem Ich-Zustand werden von spontanen, unkontrollierten Gefühlsregungen und Wünschen beherrscht."[12]

Im Alltag befinden wir uns z.B. im Kind-Ich, wenn wir spontan laut hupen, weil wir uns über einen anderen Autofahrer ärgern.

Die Kinder lernen schon in dieser Phase, ob sie z.B. mehr rebellisch oder angepasst reagieren, und ziehen aus diesen Erfahrungen im Kindesalter die Strategien der Kommunikation für ihr Erwachsenenalter.

Erwachsenen-Ich (ER)

Hier werden die Entscheidungen über eine bevorstehende Handlung getroffen. Das Erwachsenen-Ich nimmt die Einflüsse aus dem Kind-Ich und Eltern-Ich wahr, verarbeitet sie kognitiv und wandelt sie dann in eine vernünftige und begründete (Re-)Aktion um.

Im Alltag würden wir z.B. spontan gerne über eine rote Ampel fahren, weil wir es eilig haben. Das Eltern-Ich suggeriert uns jedoch die Normen und Werte in Form von Verkehrsregeln sowie die Folgen unseres Tuns. Das Erwachsenen-Ich wägt also unsere Handlung ab und bremst …

Eltern-Ich (EL)

In diesem Zustand werden wir von gelernten Normen und Werten dominiert. Wir prüfen diese nur selten und handeln auf Grund von übernommenen Grundsätzen und Regeln.

Im Alltag befinden wir uns z.B. im Eltern-Zustand, wenn wir immer mit einem Taschentuch aus dem Haus gehen, weil unsere Mutter es uns so beigebracht hat.

Das Kommunikationsmodell

Menschen kommunizieren immer miteinander – verbal oder nonverbal. „Unter dem im Deutschen ungebräuchlichen Wort ‚Transaktion' verstehen wir jeden beliebigen Austausch (verbal oder nonverbal) zwischen mindestens zwei Personen. Diese Transaktion stellt die Grundeinheit aller zwischenmenschlichen Beziehungen dar und kann sich in freundlichen Worten, böse Blicken, Geschenken oder fliegenden Tassen äußern."[13]

Transaktionen können von jedem Ich-Zustand eines Menschen an jeden Ich-Zustand eines anderen Menschen gesandt werden und lösen dort eine Reaktion aus. Diese Transaktionen werden im Folgenden durch zwei Pfeile (Reiz – Reaktion) aus den verschiedenen Ich-Zuständen deutlich gemacht. Genauso wie jeder Transaktionspartner aus jedem Ich-Zustand „senden" kann, kann er eine Reaktion aus jedem der drei Ich-Zustände seines Kommunikationspartners „empfangen". Hierdurch ergeben sich viele Transaktionsmöglichkeiten und -muster, die sowohl zu einer gelungenen als auch schwierigen bzw. missverständlichen Kommunikation führen können.

Die parallele oder komplementäre Transaktion

Bei der parallelen Transaktion sprechen die beiden Kommunikationspartner aus dem gleichen Ich-Zustand heraus. Beide Partner akzeptieren den Ich-Zustand des anderen und reagieren entsprechend.

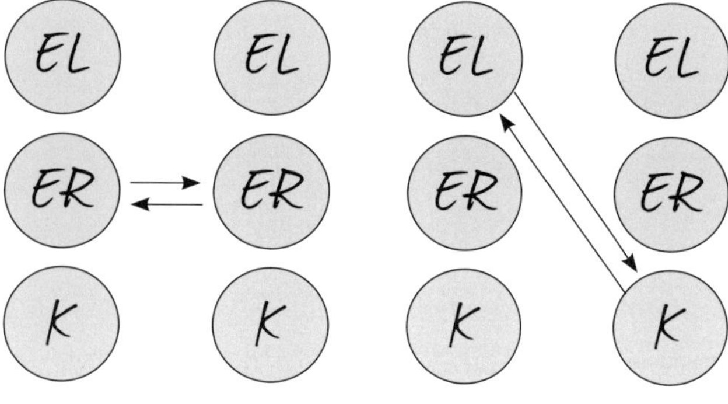

Hier verläuft die Kommunikation parallel, d.h. die Botschaft und die Antwort kommen und gehen in den gleichen Ich-Zustand.
Bsp.: Die Lehrerin fragt: „Wo ist dein Arbeitsheft?" Das Kind antwortet: „In meiner Schultasche." Oder: „Hast du dir die Nase geputzt?" – „Ja, Mama."

Die gekreuzte Transaktion

Bei der gekreuzten Transaktion gibt es verschiedene Varianten. Kennzeichnend ist, dass die Antwort nicht aus dem angesprochenen Ich-Zustand erfolgt. Die Partner reden aneinander vorbei, und es kommt zum (zwischenzeitlichen) Zusammenbruch der Kommunikation.

✓ Die **offensichtlich** gekreuzte Transaktion

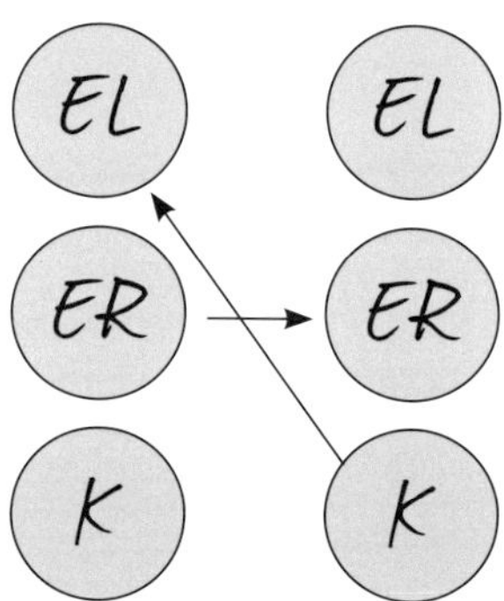

Bsp.: Die Lehrerin sagt zu dem Kind: „Ziehe dir bitte deine Jacke an, es ist kalt draußen!" Das Kind antwortet nicht „vernünftig" (aus dem ER), sondern fühlt sich im Kind-Ich angesprochen und antwortet: „Nein, ich will mir meine Jacke nicht anziehen, zieh du sie mir doch an."

✓ Die **nicht offensichtlich** gekreuzte Transaktion

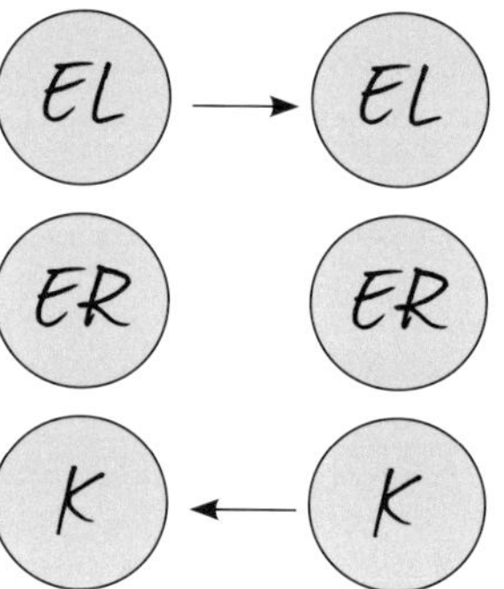

Hier kreuzen sich zwar nicht die Linien von Botschaft und Reaktion, aber die Kommunikation findet nicht in denselben Ich-Zuständen statt.
Bsp.: Eine Mutter sagt zur anderen: „Ist das heute ein schlechtes Wetter. Bestimmt muss ich meinem Kind gleich wieder eine trockene Hose anziehen." Die andere Mutter antwortet jedoch: „Der Regen macht doch Spaß, ich werde gleich mit meiner Tochter durch die Pfützen springen."

Die verdeckte Transaktion

Bei der verdeckten Transaktion wird neben dem vordergründigen Inhalt gleichzeitig (über Mimik, Gestik, Tonfall etc.) ein verdeckter psychologischer (meist die Beziehung betreffender) Appell an einen anderen Ich-Zustand gesendet.

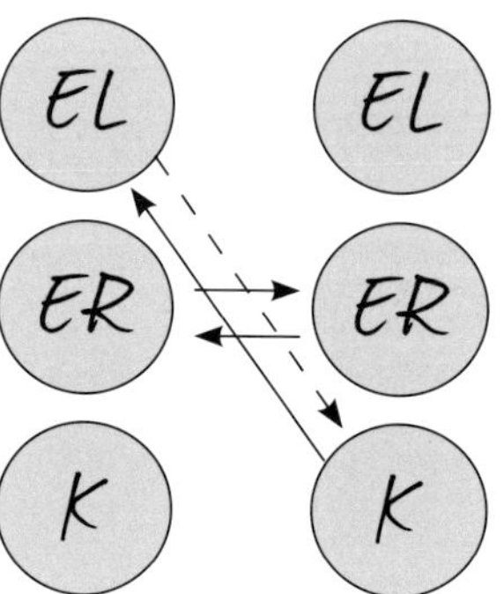

Bsp.: Die Lehrerin sagt im Sportunterricht zu einer Schülerin: „Jetzt darfst du über die Bank balancieren." Die Schülerin zögert und sagt schnell: „Ich muss erst kurz auf die Toilette." (ER → ER). Die Reaktion zeigt der Lehrerin jedoch in ihrem Eltern-Zustand: Ich habe Angst, herunterzufallen, bewahre mich davor (K → EL).

Die Skriptanalyse

Berné geht in seiner Transaktionsanalyse davon aus, dass jeder Mensch in seiner Kindheit eine eigene Lebensgeschichte, ein Skript, entwirft. Die Grundlagen dafür entwickeln sich in den ersten Lebensjahren, wobei die ganze Geschichte bereits bis zum siebten Lebensjahr fertig entworfen ist. Den erwachsenen Menschen ist dieses Skript oft nicht bewusst, dennoch halten sie meist ein Leben lang an diesen Grundeinstellungen aus ihrer frühen Kindheit fest (s. Abb.).

Ziel der Skriptanalyse ist es, Menschen ihre Handlungsmuster aufzuzeigen und ihnen dabei zu helfen, sowohl sich selbst als auch andere Menschen als „in Ordnung" einzustufen.

Die Spielanalyse

Einzelne Transaktionen fügen sich zu ganzen Kommunikationssequenzen zusammen, aus denen sich im Laufe der Zeit bestimmte Handlungsmuster ergeben. Diese werden oft von unbewussten Motiven der Beteiligten gesteuert und beherrscht. Berné nennt diese erlernten Verhaltensmuster, die bereits in früher Kindheit eingeübt und nachgeahmt werden, „Spiele". Demnach gibt es z.B. Verfolger-, Opfer- und Retterspiele, in denen jeder Mensch eine bevorzugte Rolle einnimmt, auch wenn er während des Spiels die Möglichkeit hat, eine andere Position einzunehmen. Mit „verspielt" haben diese Muster also nichts zu tun. Im Gegenteil: Sie können sich auf Dauer für die Beteiligten wachstumshemmend oder auch schädigend auswirken, wenn sie nicht aufgelöst und durch günstigere Interaktionen ersetzt werden.

1. Ich bin NICHT OK / Du bist OK (– / +) → Unterlegenheitsgefühl	**3.** Ich bin NICHT OK / Du bist NICHT OK (– / –) → Sinn- und Wertlosigkeit
2. Ich bin OK / Du bist NICHT OK (+ / –) → Überlegenheitsgefühl	**4.** Ich bin OK / Du bist OK (+ / +) → konstruktiv

Die Raupe als Symbol

Die Raupe steht als Symbol für die verschiedenen Ich-Zustände und ist gleichzeitig die erfundene Hauptfigur in den Fantasie-/Erlebnisgeschichten.

In Anlehnung an die drei Kreise der Transaktionsanalyse entwickelten wir die Raupe, die ebenfalls aus folgenden Kreisen besteht:

Kopf der Raupe: die kognitiv gemachten Erfahrungen

Kreis mit Händen: Ausführung der Handlungsstrategien

Bauch: zentraler Sitz der Gefühle

Im **roten Bauch mit den Füßen** wird das **Kind-Ich** symbolisiert, indem die Raupe in den Geschichten etwas fühlt, z.B. ein Kribbeln im Bauch, wenn sie glücklich ist, oder ein Grummeln, wenn sie wütend wird. Diese Gefühle, wie z.B. die „Wut im Bauch", sind den Kindern aus eigener Lebenserfahrung in ihrem Kind-Ich bekannt. Diese Erfahrungen können sie im Verlauf des Projekts immer wieder äußern und werden dann im Gespräch aufgegriffen.
Zu Beginn bastelt jedes Kind seine eigene Raupe, die es während des Projekts in jeder Stunde begleitet. Durch diese Identifikation sind die Kinder auch in der Lage, sich in den zweiten Ich-Zustand der Raupe hineinzuversetzen, dem **Erwachsenen-Ich**, dargestellt mit einem **blauen Kreis mit Armen und Händen**. Dieser Ich-Zustand hat eine besondere Bedeutung: Auf dem theoretischen Hintergrund wird klar, dass Entscheidungen, die aus diesem Ich-Zustand heraus getroffen werden, in Konfliktsituationen am realistischsten und effektivsten sind. Handlungen aus dem Kind-Ich wären in Konfliktsituationen hingegen z.B. spontan die Wut herauslassen und schlagen, treten o.Ä.
Dass diese Handlungsweisen nicht sinnvoll sind, soll bei der Raupe der **gelbe Kopf mit den Fühlern** signalisieren. Unser Kopf ist der Sitz von Wertevorstellungen und Normen, das **Eltern-Ich**. Das Erwachsenen-Ich trifft also zwischen den Gefühlen (K) und den Wertevorstellungen (EL) die Entscheidung zu klaren (blauen) Handlungsweisen. Deshalb hat der Kreis für das Erwachsenen-Ich blaue Hände.

---

1 Bei der Heilpädagogik handelt es sich um ein Wissensgebiet, das durch Auswahl und Kombination aus verschiedenen Methoden anderer Wissensbereiche entstanden ist. Eine eigenständige heilpädagogische Methode ist die heilpädagogische Übungsbehandlung (HPÜ). Vgl. Oy, Clara Maria von/Sagi, Alexander: Lehrbuch der heilpädagogischen Übungsbehandlung: Hilfe für das behinderte und entwicklungsgestörte Kind, Universitätsverlag Winter, Heidelberg 10. Auflage 1994.

2 Zur Arbeitserleichterung haben wir der jeweiligen Unterrichtsstunde einzelne Schwerpunkte und Kompetenzerwartungen zugeordnet.

3 Vgl. Ministerium für Schule und Weiterbildung des Landes NRW: Grundschule. Richtlinien und Lehrpläne. Schule in NRW Nr. 2012. Düsseldorf, 1. Auflage 2008, S. 23.

4 Ebd., S. 25.

5 Vgl. ebd., S. 25.

6 Vgl. ebd., S. 39.

7 Vgl. Stewart, Ian/Joines, Vann: Die Transaktionsanalyse, Freiburg 1990, S. 28ff.

8 Vgl. ebd., S. 89f.

9 Ebd. S. 28.

10 Aus Gründen der besseren Lesbarkeit haben wir in diesem Buch durchgehend die männliche Form verwendet. Natürlich sind damit auch immer Frauen und Mädchen gemeint, also Lehrerinnen, Schülerinnen etc.

11 Vgl. Kriz, Jürgen: Grundkonzepte der Psychotherapie, Beltz PVU, Weinheim 6. Auflage 2007, S. 91ff.

12 Ebd., S. 91.

13 Rogoll, Rüdiger: Nimm dich, wie du bist, Herder Verlag, Freiburg 2006, S. 33.

Praktischer Teil

Abb.: Dorothee Wolters

Die „Raupengeschichten" im Überblick

Die kleine Raupe ist die Protagonistin der Geschichten. Sie soll den Kindern als Identifikationsfigur und Sprachrohr dienen, indem sie aus ihrem Leben erzählt. Es handelt sich um eine Reihe von neun Geschichten:

1. **Die Geburt der kleinen Raupe:**
   Die Kinder „erleben" die Geburt der kleinen Raupe mit und lernen dabei die Raupe mit ihren einzelnen Elementen kennen (s. „Die Raupe als Symbol"). Bei dieser Geschichte soll das Gefühl der Freude im Vordergrund stehen, was durch die **Lebensfreude** der kleinen Raupe zum Ausdruck kommt.

2. **Die kleine Raupe macht sich auf den Weg:**
   Als Fortsetzung fordert diese Geschichte schon das Lösen einer kleinen Konfliktsituation, die sich auf das Ego der kleinen Raupe bezieht. **Freude, Angst, Mut und Stolz** sind hier die zentralen Themen in der Gefühlswelt der kleinen Raupe.

3. **Die kleine Raupe findet einen Freund:**
   Hier spürt sie Neugierde in ihrem Bauch (Verbindung zum Kind-Ich), ihre Fühler warnen sie vor Gefahr (Verbindung zum Eltern-Ich), und ihre Hände entscheiden sich für eine Handlung (Verbindung zum Erwachsenen-Ich). Durch diese **mutige und selbstbewusste Tat** lernt sie ihren Freund als neue Bezugsperson kennen.
   Er stellt eine Vertrauensperson für die kleine Raupe dar, mit der die Kinder irgendeine Person in ihrem Leben verbinden.
   Das können Eltern, Verwandte oder Freunde sein. Auch dieser Freund erhält keinen konkreten Namen, damit die Kinder hierzu keine Assoziationen zu Personen mit gleichem Namen aufbauen. Zudem ähnelt sein Aussehen dem der kleinen Raupe.

4. **Die kleine Raupe darf nicht mitspielen:**
   Wie in der vorhergehenden Geschichte macht sie auch hier Bekanntschaft mit anderen Raupen. Dieses Treffen verläuft jedoch anders: Die beiden fremden Raupen verhalten sich sehr abweisend und wollen die kleine Raupe nicht als Freund haben. Bei dieser Geschichte steht die **Enttäuschung** im Vordergrund, die sie auf Grund der Zurückweisung empfindet.

5. **Die kleine Raupe wird wütend:**
   Hier wird die Raupe mit dem sehr starken Gefühl der **Wut** konfrontiert (Wahrnehmung des Kind-Ichs).
   Es geht darum, welche Ausdrucksformen der Wut möglich sind und wie man mit diesem Gefühl umgehen kann.

6. **Die kleine Raupe feiert ein Fest:**
   Nachdem die Kinder die Geschichte gemalt haben, dürfen sie selbst eine kleine Feier vorbereiten und Gäste einladen. Diese Übungsstunde ist von **Vorfreude** geprägt und mit positiven Gefühlen besetzt. Da die Kinder dieses Gefühl real erleben, verstärkt sich ihre Empathie mit der Raupe, die dieses Gefühl auch verbal äußert. Nach dem gemeinsamen Fest können die Kinder den Gästen mit ihrem Raupenspruch ihr Zusammengehörigkeitsgefühl demonstrieren und die Besonderheit ihrer Gruppe erfahren.

7. **Die kleine Raupe hat Angst:**
   Diese Geschichte beschäftigt sich mit dem Gefühl der **Angst**, das alle Kinder sehr gut kennen und das schon im Kleinkindalter ein großes Thema ist. Die Kinder können eigene, vielfältige Erfahrungen in diese Geschichte einbringen. Die Geschichte wird zunächst unterbrochen, und die Kinder sollen überlegen, wie es weitergehen kann. Dieser Anspruch ist relativ hoch, bewirkt aber, dass möglichst viele Möglichkeiten der Konfliktlösungen zur Sprache gebracht werden können. Diese werden dann diskutiert und mit entsprechenden Konsequenzen verknüpft. Diesen Weg der Konfliktlösung (über das Erwachsenen-Ich erst mögliche Konsequenzen abwägen und sich dann entscheiden), möchten wir den Kindern als besonders effektiv vermitteln.

8. **Die kleine Raupe streitet sich mit ihrem Freund:**
   Dieser Abschnitt konfrontiert die Kinder mit dem belastenden Thema **Streit.** Damit sie sich damit leichter auseinandersetzen können, haben wir für diese Stunde viele praktische Handlungsweisen eingeplant. Wichtig ist uns hier die Förderung der Empathiefähigkeit. Jede Szene soll in Rollenspielen umgesetzt werden (Wahrnehmung des eigenen und fremden Ich-Zustands). Beide Parteien sollen sich durch Rollentausch in das Gegenüber hineinversetzen.

9. **Die kleine Raupe hat einen wunderschönen Traum:**
   Diese Geschichte bildet den Abschluss der Reihe. Sie beschreibt eine eigene **Fantasiegeschichte** im Rahmen der Erlebnisgeschichten. Die kleine Raupe verwandelt sich in einen Schmetterling, nachdem sie in Gedanken noch einmal die verschiedenen Situationen ihres Lebens nachvollzieht. Dies ruft den Kindern alle ihre Erlebnisse in Erinnerung und macht ihnen bewusst, wie sehr sie am Leben der kleinen Raupe teilgenommen haben (Wahrnehmung des eigenen und fremden Ich-Zustands).

Organisation und Zeitrahmen

- ✓ In der Grundschule ist das Projekt ausschließlich für den Anfangsunterricht geeignet. (Eine spätere Durchführung bietet sich nur an, wenn man die Geschichten etwas abwandelt. Sie sind sprachlich bewusst auf das fünfte/sechste Lebensjahr abgestimmt.)
- ✓ Für jede Geschichte benötigen Sie ca. eine halbe bis eine Stunde.
- ✓ Wir empfehlen, nur ein bis zwei Geschichten pro Woche durchzunehmen, damit die Kinder den Inhalt auch nachhaltig begreifen können und immer wieder Raum finden, über die Erlebnisse der Raupe zu sprechen.
- ✓ Für das Malen der Geschichten benötigen die Kinder erfahrungsgemäß viel Zeit, vielleicht bietet sich hierfür eine Kunststunde an, die sich jeweils direkt nach der „Raupenstunde" anschließt.
- ✓ Wenn die räumliche Situation es zulässt, wäre es natürlich schön, wenn die Kinder der Raupe immer im gleichen Raum begegnen können.
- ✓ Hängen Sie parallel zu der eigenen Raupe eine „Riesenraupe" im Gruppen-/Klassenraum auf, auf deren Kreise alle gemeinsam im Laufe des Projekts fortlaufend Stichwörter bzw. Symbole sammeln und zuordnen. So entstehen z.B. folgende Themenkreise:

  gelber Kreis (Normen/Werte):
  „Was soll man nicht tun?"
  schlagen, treten, Haare ziehen, kneifen etc.

  blauer Kreis (klare Handlungsweise):
  „Was soll man tun?"
  miteinander sprechen, Hilfe holen etc.

  roter Kreis (Gefühle):
  „Was kann ich fühlen?"
  Wut, Freude etc.

Da die Kinder noch nicht schreiben und lesen können, haben wir jeweils Symbole gesucht und kleine Bilder gemalt. So wurden in einer Klasse „Smileys" gemalt und auf diesem Wege ein bisher sehr stilles und außenstehendes Mädchen als hervorragende Zeichnerin „enttarnt", die dann Bilder für den blauen Kreis malte. Allein durch diese eher organisatorische Aktion gelang eine Intensivierung des Gruppengefühls. Hinzu kam die Tatsache, dass eine bisher außenstehende, zurückhaltende Schülerin auf einmal voll anerkannt und integriert wurde. Und dies zu einem sehr frühen Zeitpunkt des Anfangsunterrichts. Man kann auch die Situationen oder die Gesichtsausdrücke mit Standbildern darstellen, fotografieren und anschließend in die Raupe einkleben.

Abb.: Dorothee Wolters

Rituale

- ✓ Der Beginn der Stunde (bis auf die erste Begegnung mit der Raupe) wird immer mit demselben Ritual eingeläutet:
  Die Kinder bringen ihre Raupen mit, heften sie an eine Wiese aus Tonpapier (oder legen sie an ihren Platz) und stellen sich in einem Kreis auf. Dann wird der **Eingangsspruch** gemeinsam gesprochen und dabei die entsprechenden Schritte und Bewegungen gemacht.
  Den Eingangsspruch als Ritual sollten Sie als Abschluss der ersten Geschichte kurz einführen und üben (s. 1. Die Geburt der kleinen Raupe).
- ✓ Anschließend setzen die Kinder sich in den Kreis und reflektieren noch einmal die letzte Stunde. Bei diesem Gespräch stellten wir fest, dass die Kinder, die sich bereits gut kannten, inzwischen eigene Erlebnisse mit denen der Raupe verknüpften und erzählen wollten. Andere Erstklässler hingegen, die sich noch nicht so vertraut waren, verhielten sich diesbezüglich viel zurückhaltender, wiederholten die Geschichte der Raupe noch einmal und drängten auf eine neue Geschichte. Daher sollten Sie vorher überlegen, wie Sie das beginnende **Reflexionsgespräch** gestalten und wie viel Raum Sie für das eigene Erzählen lassen wollen. Hier sollten Sie flexibel auf die Bedürfnisse und Gestaltungsmöglichkeiten der jeweiligen Gruppe eingehen.
- ✓ Anschließend wird die neue Geschichte **vorgelesen**. Diese finden Sie jeweils am Ende der Unterrichtseinheit.
- ✓ In einem **Reflexionsgespräch** schildern die Kinder die Erlebnisse der kleinen Raupe und binden eigene Erlebnisse ein.
- ✓ Am Ende jeder Stunde **malen** die Kinder ein Bild über die Erlebnisse der Raupe. Es bietet sich an, diese am Ende der Reihe als Bilderbuch oder Leporello zusammenzustellen. Die Kinder haben dann eine Erinnerung an das Projekt. Überlegen Sie, ob und wie Sie das Buch mit den Bildern und den Geschichten zusammenstellen. Wir empfehlen, jeweils die Bilder der Kinder einzusammeln und als Buch zusammenzustellen.

Unsere Erfahrung hat gezeigt, dass es besonders spannend war, zu sehen, wie und was die Kinder gemalt haben. Geben Sie den Kindern ein weißes Blatt Papier zum Selbstgestalten. Die hier vorliegenden Schmuckrahmen können ebenfalls verwendet werden, schränken aber die eigene Fantasie und emotionale Umsetzung eher ein und sind nur als Anregung gedacht.

Erfahrungsbericht von Anja Werneke aus der heilpädagogischen Praxis

Ich stellte eine Gruppe von acht Kindern zusammen, die teilweise heilpädagogischen Förderbedarf hatten. Einige Kinder stammten aus schwierigen Familienverhältnissen, andere hingegen zeichneten sich durch besonders hohe soziale Kompetenzen aus. Diese Gruppenzusammensetzung erwies sich als besonders effektiv, da die Kinder sehr gut voneinander profitieren konnten. Es gab einen reichhaltigen Erfahrungsschatz und viel Gesprächsbedarf. Die „Raupengeschichten" sprachen die Kinder emotional sehr an, was in ihren Bildern deutlich wurde. Die Vorfreude auf das gemeinsame

Fest z.B. war bei den Kindern besonders groß, da jedes Kind ein zweites Kind aus seiner Gruppe einladen und mitbringen durfte. Die Aufregung um die Auswahl dieser Kinder, die ausgesprochene Einladung und die gemeinsame Vorfreude beim Planen der Festgestaltung schweißten die Kinder als bestehende Gruppe besonders zusammen. Dies wirkte sich auch positiv auf das gruppenübergreifende Spiel, z.B. auf dem Spielplatz, nach Beendigung des Projekts aus:
Die Kinder gingen offener aufeinander zu, die bestehenden Polaritäten der festen Gruppen, z.B. „rote" und „grüne" Gruppe, wurden durch verstärkte Einzelkontakte untereinander aufgeweicht.
Auf Grund meiner Beobachtungen kann ich behaupten, dass das Projekt jedes einzelne Kind emotional gefördert hat. Dies zeigte sich u.a. in der Intensität der Gespräche zu Beginn oder zum Abschluss des Projekts, es wurde in den Bildern der Kinder deutlich, und der gemeinsam erlebte Erfahrungsschatz wirkte sich positiv auf die Gruppenstruktur aus. Im Bezug zur Heil- und Sonderpädagogik haben natürlich auch die Kinder mit heilpädagogischem Förderbedarf profitiert. Dabei standen besonders die geteilte Freude und das Gruppengefühl im Vordergrund. Die verbale Auseinandersetzung mit dem Thema war teilweise schwierig, der Inhalt wurde jedoch kognitiv erfasst und emotional in Bilder umgesetzt, auch wenn hierbei Probleme mit der Feinmotorik den Zeitrahmen sprengten. Zur Förderung im heilpädagogischen Bereich ist daher große Flexibilität bei der Durchführung gefragt.
Durch meine Arbeit aus dem Spektrum Autismus kann ich mir einen Einsatz des Projekts bei Kindern mit dem Asperger-Syndrom vorstellen, die sprachlich oft sehr gewandt sind, aber Defizite in der emotionalen Entwicklung haben.

Abb.: Dorothee Wolters

Unterrichtseinheiten zu den neun „Raupengeschichten"

Es folgt nun die Darstellung der einzelnen „Raupenstunden". Wir nennen jeweils eine Geschichte „Einheit", da wir den zeitlichen Ablauf individuell gestaltet wissen wollen. Die einzelnen Gruppen sind so unterschiedlich, dass ein zeitlicher Rahmen nicht festlegbar ist. Ebenso ist ein vordergründiges Anliegen unseres Projekts, flexibel und individuell auf die Wünsche, Bedürfnisse und Handlungsweisen sowie auf den Gesprächsbedarf der Kinder eingehen zu können.

1. Die Geburt der kleinen Raupe

Die erste Unterrichtsstunde/Übungseinheit dient als thematische Einführung und als Vorbereitung für das gesamte Projekt. Setzen Sie mindestens zwei Unterrichtsstunden an, da im Anschluss der Geschichte die Raupe gebastelt werden soll.

Material und Vorbereitung

- ✓ eine gebastelte Raupe als Vorlage (s. S. 25)
- ✓ Wiese mit Sonne etc. an Wand mit Befestigungsmaterial
- ✓ pro Kind Raupenteile in gelb, blau und rot als Kopie zum Basteln der Raupe (s. S. 26)
- ✓ pro Kind 1–2 gelbe Pfeifenputzer für die Fühler
- ✓ schwarzer Filz-/Buntstift zum Malen des Gesichts
- ✓ pro Kind ein weißes Blatt Papier oder das Arbeitsblatt „Die Geburt der kleinen Raupe" (s. S. 25)
- ✓ evtl. pro Kind ein Tuch (groß genug, um mindestens Kopf und Schultern zu bedecken)
- ✓ evtl. pro Kind einen Reifen
- ✓ evtl. Meditationsmusik (Thema „Wiese" oder „Natur")
- ✓ evtl. Legematerial (Kett-Tücher o.Ä.)

Einstieg

Zu Beginn des ersten Schuljahres bietet sich sinnvollerweise zunächst ein Kennenlern- oder Namensspiel an. Die Kinder sollten möglichst im Kreis sitzen. Denkbar wäre auch, dass jedes Kind in seinem eigenen Reifen sitzt, der die Eierschale darstellt.
Zeigen Sie die eigene Raupe, und erzählen Sie der Gruppe, dass sie heute und in den nächsten Stunden Geschichten über und mit der kleinen Raupe hören und erleben werden. Verweisen Sie anschließend auf die Wiese an der Wand und die große Raupe.

Vertiefung der Geschichte

① Erleben der Geschichte

Es gibt verschiedene Möglichkeiten, die Geschichte hör- und erfahrbar zu machen:

- ✓ Lesen Sie die Geschichte vor, während die Kinder mit geschlossenen Augen zuhören. Eventuell können Sie hier **Meditationsmusik** einspielen.

- ✓ Als Alternative dazu können die Kinder im Reifen sitzen, während sie ein **Tuch über sich gestülpt** haben. An der Stelle, an der die Raupe das Licht der Welt erblickt, können Sie den Kindern das Tuch wegziehen, oder Sie fordern die Kinder auf, dies selbst zu tun.
- ✓ Lesen Sie die Geschichte einmal vor. Bei der anschließenden Wiederholung unterlegen die Kinder die Geschichte **mit pantomimischen Gesten**, z.B.
  - Baum: mit beiden Armen einen Baum nachbilden
  - Sonne schien warm: sich mit der Hand über die Stirn wischen
  - Wind: sachte: hin- und her wiegen etc.

  Bei dieser pantomimischen Darstellung ist bereits empathisches Vermögen gefragt, da die Kinder den Inhalt körperlich darstellen und nachempfinden.
- ✓ Lesen Sie die Geschichte vor, und **legen Sie sie dabei mit Material** (Methode nach Franz Kett), z.B.:
  - Baum/Wiese/Wald: braune und grüne Tücher (oder Wiese und Baum aus Pappe)
  - Sonne: Tonpapier oder gelbes Tuch
  - Blatt
  - kleine Perle oder Ei
  - Raupe zum Herankriechen

② Gespräch

Zunächst sollen sich die Kinder spontan äußern.

Wir haben festgestellt, dass sich dann verschiedene Themen anschließen können. In einer ersten Klasse z.B. erzählten die Kinder spontan über die Geburt ihrer Geschwister und fragten sich, ob es im Bauch der Mutter so ist wie unter dem Tuch, ob man etwas sehen kann. Anschließend überlegten sie, wie sich die kleine Raupe im Ei gefühlt haben muss.
Es folgten Erlebnisgeschichten über die Angst im Dunkeln und das Geborgensein in den Armen eines Menschen. In einer anderen Gruppe hingegen wurden sämtliche biologischen Kenntnisse über Raupen aufgeführt, die Geburt an sich blieb im Hintergrund. Manchmal war der Gesprächsbedarf so gering, dass wir empfehlen, die Geschichte zunächst in einem Bild ausdrücken und sich von der Gruppe leiten zu lassen.

③ Basteln und malen

Jedes Kind bastelt nun seine eigene Raupe und malt ein Bild von der Geschichte.
Erzählen Sie als Ausblick auf die nächste Stunde, dass sich die Raupe nun auf den Weg macht, um viele Dinge zu erleben und zu sehen. Die Kinder heften ihre gebastelten Raupen an die vorbereitete Landschaft an der Wand.

Wir stellten fest, dass einige Kinder die selbstgebastelte Raupe als Medium verwendeten, um eigene Gefühle und Erfahrungen zu schildern. Ähnlich wie eine Handpuppe wurde die Raupe zum Sprachrohr des eigenen Ichs. Viele betrachteten beim Vorlesen der Geschichten ihre eigene Raupe und konnten sich so besser in die Erlebnisse hineinfühlen. Da alle Kinder die gleiche Raupe mit demselben Aufbau und denselben Farben hatten, wurde das „Wir-Gefühl" verstärkt, und das Entstehen von Konfliktsituationen bei der Kommunikation mit anderen Raupen wurde den Kindern zusätzlich visuell vermittelt.

④ **Eingangsspruch**

Führen Sie zum Abschluss der ersten Einheit den „Raupenspruch" ein, der die Kinder durch die folgenden Geschichten begleiten wird:

Eine kleine Raupe macht sich auf den Weg.	langsam schlendern
Erst macht sie kleine Schritte, dann trifft sie mit schnellen Schritten in der Mitte viele Freunde:	erst mit langsamen Schritten, dann immer schneller in die Mitte „trippeln"
eins, zwei, drei, vier, sie sind heut' alle hier.	beim Zählen auf verschiedene Kinder zeigen
Wir sagen uns: „Hallo, wie geht's? Schön, dass wir uns seh'n."	winken Umarmung andeuten

Oder:

Eine kleine Raupe macht sich auf den Weg.	langsam in die Mitte gehen
Erst macht sie kleine Schritte, trippelt in die Mitte.	in die Mitte trippeln
Dort stampft sie mit dem Fuße und nickt den Kopf zum Gruße.	mit den Füßen stampfen nicken
Sie sagt: „Mit euch wird's heute wieder schön! Wie gut, dass wir uns seh'n."	Umarmung andeuten

Die Geschichte

Die Geburt der kleinen Raupe

Es war einmal ein wunderschöner, großer Baum. Er stand in der Nähe eines Waldes auf einer grünen Wiese.

An einem wunderschönen Tag schien die Sonne warm auf seine Blätter, und der Wind bewegte ganz sacht die Blätter hin und her.
Auf einem Blatt war eine kleine, weiße Perle zu sehen. Und wenn man genau hinsah, erkannte man ein kleines Ei: Ein Raupenei. Es schimmerte in der Sonne.
Plötzlich bewegte sich das Ei. Es sah so aus, als boxte etwas von innen gegen die weiße Schale. Und tatsächlich: Das Ei bekam einen Riss, und die obere Hälfte kullerte erst von einem Blatt zum anderen, bevor es ganz leicht vom Wind davongetragen wurde. Aus dem Ei jedoch lugten ganz langsam zwei gelbe Fühler heraus. Nanu, was war denn das? Zwei große Augen schauten neugierig über den Eierrand. Der Kopf legte sich schräg zur Seite, und die Augen blinzelten in die Sonne. Die Fühler wiegten sich sacht im Wind hin und her. Jetzt sah man auch die kleine Nase, wie sie die frische Waldluft tief einatmete – ein und aus. Und wieder – ein und aus. Da! Jetzt sah man den ganzen Kopf mit einem großen, lächelnden Mund.
Der Kopf war ganz rund.
Dann fassten zwei winzige Händchen über den Eierrand, und da konnte man den zweiten Kreis des Tieres sehen. Es schob sich über den Rand des Eis auf das Blatt. Jetzt kam auch noch der dritte Kreis des Tieres mit seinen Füßen zum Vorschein. Nun endlich konnte man das ganze Tier sehen. Es war eine kleine Raupe, die gerade aus ihrem Ei geschlüpft war. Sie war noch etwas erschöpft von der schweren Arbeit. Deshalb legte sie sich auf das Blatt, ließ sich die warme Sonne auf den Körper scheinen und freute sich darüber, nun auf der Welt zu sein.

So schlief sie lächelnd ein und freute sich auf ihren ersten Lebenstag.

Die Geburt der kleinen Raupe

Arbeitsblatt: Die Geburt der kleinen Raupe

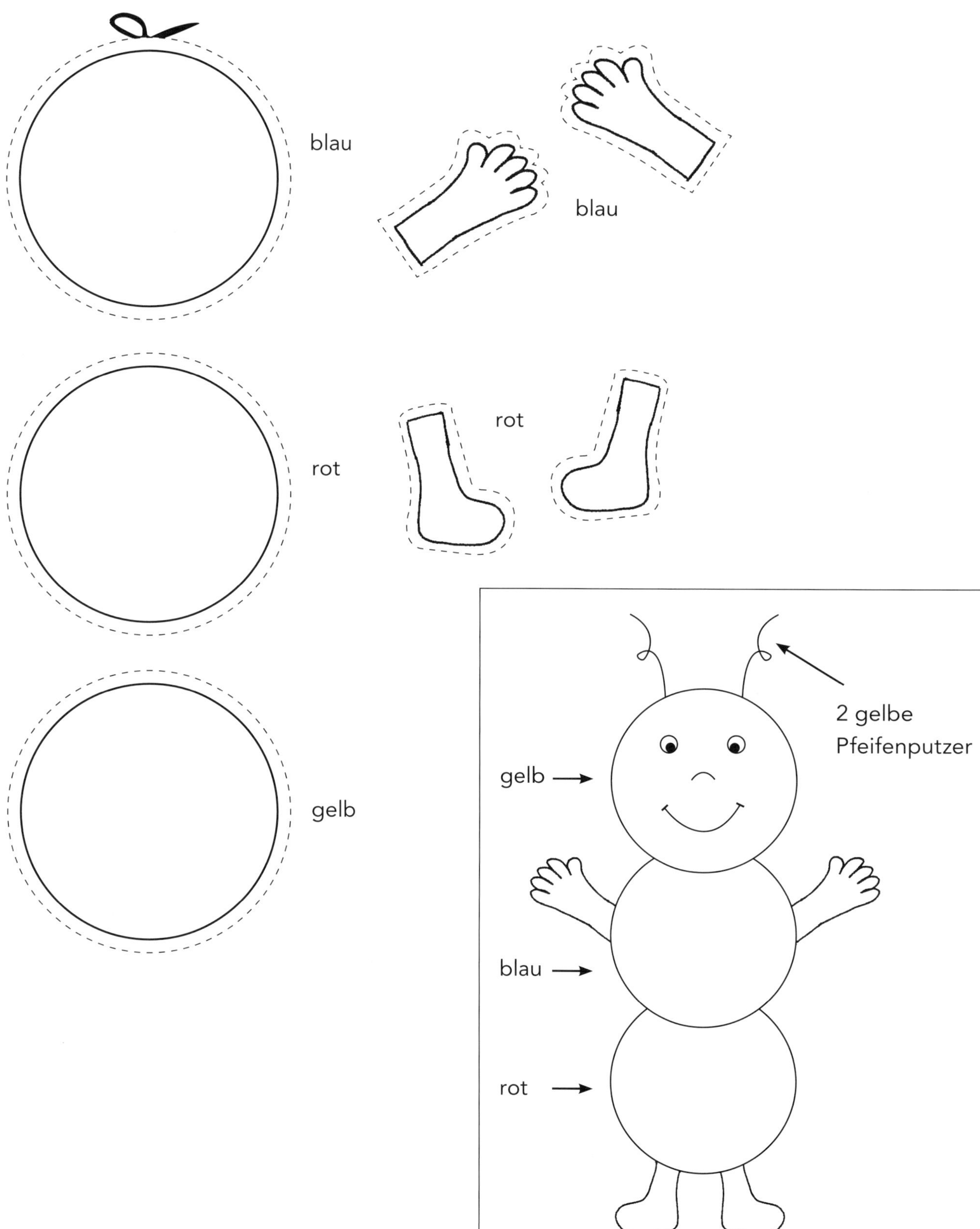

2. Die kleine Raupe macht sich auf den Weg

In der zweiten Geschichte stehen Angst und Mut im Vordergrund. Die kleine Raupe macht sich auf den Weg und steht vor ihrer ersten Herausforderung: Sie will unbedingt eine Blumenwiese erreichen, hat Angst vor Gefahren auf dem Weg und krabbelt schließlich mutig an ihr Ziel. Das Gefühl der Angst ist den Kindern sehr vertraut, auch im Zusammenhang mit Aufgeregtheit, Vorfreude und schließlich Mut bzw. Stolz, ein Ziel erreicht zu haben.

Material und Vorbereitung

- ✓ gebastelte Raupe, Wiese und Sonne
- ✓ Blütenblätter oder Blumen und/oder Duftkerze mit Blütenduft
- ✓ pro Kind ein weißes Blatt Papier oder das Arbeitsblatt „Die kleine Raupe macht sich auf den Weg" (s. S. 29)
- ✓ Buntstifte

Einstieg in die Geschichte

Gestalten Sie Blumen und Blütenblätter auf einem Tuch in der Mitte des Kreises, evtl. können Sie eine Duftkerze anzünden. Die Kinder kommen mit ihrer Raupe in den Kreis und lassen in einer stillen Minute die Mitte auf sich wirken. Lesen Sie anschließend die Geschichte vor. Dabei sollen die Kinder mitatmen und an den Blumen/Blüten riechen.
Alternativ können Sie auch Folgendes anwenden: Lesen Sie die Geschichte bis zu der Stelle „ ... und bekam nun doch ein bisschen Angst" vor. Die Kinder überlegen nun, was weiter passieren könnte. Ist die Raupe mutig und geht weiter? Hat sie Angst und geht zurück?
Siegt hier die Angst über die Neugier?
Was würdest du tun?
Lesen Sie anschließend die Geschichte zu Ende.

Vertiefung der Geschichte

Auch hier gibt es folgende Möglichkeiten:

① Malen – freies Gespräch
Die Kinder malen spontan ein Bild zu der Geschichte. Anschließend sprechen sie im Kreis über das Erlebnis der Raupe.
Die Kinder sollen sich hier frei äußern können.

② Gespräch in Partnerarbeit – malen
Die Kinder sprechen über die Geschichte: Warum war die kleine Raupe wohl so mutig? Danach bietet sich eine Partnerarbeit an. Die Kinder erzählen sich gegenseitig Situationen, in denen sie einmal mutig waren.
Anschließend malen sie ihr Erlebnis auf.
Im Kreis erzählt jeweils ein Kind das Erlebnis seines Partners.
Abschließend malen die Kinder das Erlebnis der Raupe auf das Arbeitsblatt.

③ Transfergespräch – malen
Die Kinder erzählen in der Gruppe und beginnen: „Ich war mutig, als ich ..." Anschließend malt jedes Kind selbstständig ein Bild.

Fotografieren Sie evtl. in dieser Stunde die einzelnen Kinder mit ihrer Raupe.
Das Foto kommt auf die Titelseite des Buches.

Die Geschichte

Die kleine Raupe macht sich auf den Weg

Die kleine Raupe lag auf ihrem Blatt und schlief. Ganz langsam atmete sie ein und aus. Die Sonne schien ihr warm auf den Rücken. Plötzlich kitzelte etwas an ihrer Nase. „Hatschi!" Sie rieb sich die Augen und blinzelte in das helle Tageslicht.
Nanu, was war denn das? Vor ihr lag etwas Weißes mit vielen kleinen Blättern.
Die kleine Raupe beugte sich hinunter. Mmmh, wie das duftete. Sie dachte: „Das sind bestimmt kleine Blütenblätter", und schaute sich um. Doch ringsherum konnte sie nur Blätter von dem Baum entdecken, auf dem sie saß. Vorsichtig kroch sie zu ihrem Blattrand und beugte sich hinüber. Da! Ganz tief unter ihr sah sie eine grüne Wiese, die übersät war mit vielen weißen Blütenblättern. Doch wie war denn nur diese eine Blüte zu ihr hinauf auf den Baum gekommen? War das wohl der Wind?
Die kleine Raupe wurde ganz aufgeregt. Sie wollte unbedingt wissen, wie es wohl auf der Wiese zwischen den vielen Blüten riecht. So kroch sie von ihrem Blatt auf den dünnen Zweig. Plötzlich ließ ein Windstoß den dünnen Zweig kräftig wackeln. Sie musste sich gut festhalten und bekam nun doch ein bisschen Angst. Gedanken schossen ihr durch den Kopf: Was passiert, wenn mich der Wind vom Ast weht? Sollte ich nicht besser wieder zurück auf mein Blatt kriechen?
Doch dann fiel ihr der wunderbare Duft der Blüte ein. „Nein", sagte die kleine Raupe entschlossen, „ich werde nicht zurückkriechen, ich will unbedingt den Duft der vielen Blüten auf der Wiese riechen." So hob sie ihren Kopf und kroch langsam, aber fest entschlossen weiter bis auf den dicken Ast, Stück für Stück.
Es dauerte sehr lange, doch die Freude trieb sie vorwärts. Und endlich hatte sie es geschafft. Sie musste nun nur noch über eine Wurzel kriechen, dann war sie am Ziel. Sie lag inmitten von tausend Blüten.
Die kleine Raupe war so froh, es geschafft zu haben, und stolz darüber, so mutig gewesen zu sein. Wie gut das roch! Sie atmete den Blumenduft tief ein. Die Sonne schien ihr dabei warm auf den Rücken. Und so schlief sie erschöpft, aber glücklich ein.

Die kleine Raupe macht sich auf den Weg

3. Die kleine Raupe findet einen Freund

In der dritten Geschichte werden noch einmal Aufregung und mutiges Handeln als Gefühle aufgegriffen, diesmal jedoch konkret den drei Kreisen (Ich-Zuständen) der Raupe zugeordnet. Die kleine Raupe wird für ihren Mut belohnt: Sie findet einen Freund. Die Kinder haben selbst schon Freundschaften geschlossen und bringen eigene positive Erfahrungen in Bezug auf soziale Kontakte und erworbene Kompetenzen mit. Diese soziale Kompetenz (Kontaktaufnahme) bildet den Schwerpunkt dieser Einheit.

Material und Vorbereitung

- ✓ gebastelte Raupe, Wiese und Sonne
- ✓ evtl. Blüten/Blumen
- ✓ pro Kind ein weißes Blatt Papier oder das Arbeitsblatt „Die kleine Raupe findet einen Freund" (s. S. 31)
- ✓ Buntstifte

Einstieg in die Geschichte

Zunächst wird der Inhalt der zweiten Geschichte wiederholt und gefestigt. Dann folgt ein Spiel: „Den anderen zum Lachen bringen".
Zwei Kinder sitzen sich gegenüber. Jeweils ein Kind versucht, das andere ohne Berührungen und Worte zum Lachen zu bringen. Anschließend wird getauscht.

Wir haben dieses Spiel ohne abschließende Reflexion gespielt. Es ist für die jeweilige Gruppe zu überlegen, ob ein anschließendes Gespräch geführt werden soll (z.B. „Wie habt ihr es geschafft?")
Die Kinder suchen sich einen Platz im Raum und legen/setzen sich hin. Die Sonne an der Wand dient als Blickfang für die Kinder, die ihre Augen beim Zuhören nicht schließen wollen. Lesen Sie die Geschichte vor. Dabei sollen die Kinder mitatmen und evtl. wieder an den Blumen/Blüten riechen.

Vertiefung der Geschichte

Die folgenden beiden Möglichkeiten bieten sich an:

① Malen – Gespräch – Umsetzung
Nachdem Sie die Geschichte zunächst vorgelesen haben, recken und strecken sich die Kinder, gehen dann zum vorbereiteten Maltisch (oder an ihre Plätze) und malen spontan ein Bild von dieser Geschichte.
Anschließend sprechen sie im Kreis über das Erlebte. Hierbei wird heute die Konfliktsituation der Raupe ihren entsprechenden Kreisen zugeordnet, z.B. Kribbeln im roten Bauch, die Raupe hebt mit der Hand das Blatt hoch etc. Die Kinder erkennen die Ähnlichkeit mit der anderen Raupe und vergleichen die Kennenlernsituation der beiden Raupen mit dem Spiel vom Einstieg. Die Kinder haben die Möglichkeit, sich frei zu äußern und z.B. von ihren eigenen Erfahrungen in Bezug auf Freundschaften oder Kennenlernen zu berichten.
Für ihre Raupe suchen sie sich einen Platz auf der Wiese und befestigen sie daran. Abschließend gehen sie heute zu zweit, d.h. gemeinsam mit einem Freund, Hand in Hand aus dem Raum.

② Transfergespräch – malen
Im Gespräch wird herausgearbeitet, welche Gefühle die Raupe gehabt haben muss. Die Kinder sollen sich nun dazu äußern, wie und wo sie Freunde gefunden haben. Mutige können ihre Geschichte im abschließenden Kreis erzählen. Danach malen die Kinder die Szene.

Die kleine Raupe findet einen Freund

Die Geschichte

Die kleine Raupe findet einen Freund

Die kleine Raupe lag auf einer Blumenwiese und schlief. Immer noch atmete sie den guten Blütenduft ein und aus, und wieder ein und aus. Plötzlich blies ihr der Wind feinen Blütenstaub vor ihre Nase. „Hatschi!" Die kleine Raupe wurde wach. Sie rieb sich Augen und Nase und blinzelte ins Sonnenlicht. „Oh, schon wieder ein neuer, schöner Tag", dachte sie und machte sich auf den Weg über die Blumenwiese. Sie wollte unbedingt Neues entdecken. Fröhlich summte sie vor sich hin und kroch Stück für Stück an den Blumen vorbei. Plötzlich hörte sie ein Geräusch: „Tmtm – tmtm – tmtm." Die kleine Raupe schaute sich um. Doch sie sah nur Blumen und ein paar Sträucher. Da! Wieder hörte sie dieses Geräusch: „Tmtm – tmtm – tmtm." Es kam aus einem Gebüsch. Was konnte das nur sein? Die kleine Raupe überlegte. Sollte sie nun einen großen Bogen um das Gebüsch machen? Sie fühlte ein Kribbeln im Bauch und wurde sehr aufgeregt. „Nein", sagte sie sich mutig, „ich werde keinen großen Bogen um das Gebüsch machen, denn sonst werde ich nie erfahren, woher dieses Geräusch kommt." Sie lauschte. Schon wieder: „Tmtm – tmtm – tmtm." Entschlossen kroch sie direkt auf das Gebüsch zu.

Das Kribbeln in ihrem Bauch wurde stärker. Nur noch ein kurzes Stück, dann stand sie direkt vor dem Gebüsch. „Tmtm – tmtm." Das Geräusch war nun direkt neben ihr zu hören. Vorsichtig beugte sie sich vor und hob ein Blatt hoch. Da stand doch tatsächlich noch eine andere Raupe und fraß ein grünes Blatt. Sie sahen sich in die Augen. Beide hatten einen gelben Kopf mit gelben Fühlern. Beide hatten einen blauen Kreis mit blauen Armen und Händen. Und beide hatten einen roten Bauch mit roten Beinen und Füßen daran. Die beiden Raupen standen einen Moment ganz still und staunten sich an. Dann mussten sie beide lachen.

Das Kribbeln im Bauch der kleinen Raupe verschwand. Sie spürte, wie ihr Bauch ganz warm wurde, und über den blauen Kreis bis in den Kopf konnte sie nun die Wärme spüren. Sie lachten immer weiter und staunten, wie ähnlich sie sich waren. Voller Freude gaben sie sich die Hände und begrüßten sich. Dann spielten sie vergnügt auf der Blumenwiese, bis es Abend wurde. Beim gemeinsamen Essen eines grünen Blattes beschlossen sie, Freunde zu werden. Und so schliefen die beiden glücklich unter einem Gebüsch ein.

4. Die kleine Raupe darf nicht mitspielen

In der vierten Geschichte begibt sich die kleine Raupe noch einmal auf den Weg und nimmt Kontakt mit zwei anderen Raupen auf. Jedoch verläuft diese Begegnung nicht so positiv wie beim letzten Mal: Sie muss erfahren, wie es sich anfühlt, ausgegrenzt und zurückgewiesen zu werden. Viele Kinder kennen dieses Gefühl und haben bereits negative Erfahrungen in Bezug auf soziale Kontakte gemacht.

Material und Vorbereitung

- ✓ gebastelte Raupe, Wiese und Sonne
- ✓ evtl. Blüten/Blumen
- ✓ pro Kind ein weißes Blatt Papier oder das Arbeitsblatt „Die kleine Raupe darf nicht mitspielen" (s. S. 35)
- ✓ Buntstifte
- ✓ Ball
- ✓ Plakat

Einstieg in die Stunde

Wiederholen Sie zunächst den Inhalt der dritten Geschichte. Die Kinder erinnern sich an das positive Gefühl, das die Raupe erlebt hat, als sie mit einer anderen Raupe Freundschaft geschlossen hat.

Danach folgt ein Rollenspiel:
Ein freiwilliges, mutiges Kind wird nach draußen geschickt und darf erst nach Aufforderung wieder hereinkommen. Zwei Kinder in der Klasse erhalten einen Ball. Sie bekommen andere Namen und den Hinweis, dass sie Ball spielen dürfen. Sie sollen dieses Kind ausschließen und unter keinen Umständen mitspielen lassen.
Gehen Sie dann nach draußen und instruieren dieses Kind folgendermaßen: „Du heißt jetzt Maxi (o.Ä.) und bist neu hierhin gezogen. Da drin spielen zwei Kinder Ball. Versuche, mit ihnen Freundschaft zu schließen. Du möchtest unbedingt mitspielen. Versuche, sie zu überreden."
Nach dem Rollenspiel werden die einzelnen Kinder befragt: „Wie hast du dich gefühlt? Was hättest du dir gewünscht?"
Zudem sollten Sie intensiv auf die Dialoge und Geschehnisse eingehen.
Nach dem Spiel dieser Szene ist es sehr wichtig, alle Kinder aus ihrer Rolle wieder herauszuholen, indem man z.B. über die Schultern streicht und sagt: „Ich hole dich nun wieder hier in deine Klasse zurück, du bist jetzt wieder der/die ...." Die Kinder können sich auch die Hand geben. Ansonsten kann es passieren, dass die Kinder in diesem kleinen Rollenspiel weiter fortfahren.

Anschließend suchen sich die Kinder einen Platz im Raum und legen/setzen sich hin. Lesen Sie die Geschichte vor. Dabei sollen die Kinder mitatmen und evtl. wieder an den Blumen/Blüten riechen.

Vertiefung der Geschichte

① Gespräch

Nach dem Vorlesen sollte zunächst eine kleine „Schweigeminute" zum Nachdenken möglich sein. Fragen Sie die Kinder, welches Gefühl die Raupe nun in ihrem Bauch hat. Lassen Sie die Beschreibungen der Kinder unkommentiert.

Die Kinder, die das Rollenspiel gespielt haben, können ihre Situation nochmals beschreiben und mit der Situation der kleinen Raupe vergleichen.

Lassen Sie die Kinder Situationen des „Ausgegrenztsein" beschreiben und erzählen, wenn die Stimmung in der Klasse dies zulässt.
Lassen Sie die Kinder Sätze formulieren, die immer den gleichen Anfang haben, z.B.:

- ✓ Wenn ich nicht mitspielen darf, dann fühle ich mich …
- ✓ Wenn ich nicht mitspielen darf, dann würde ich am liebsten …
- ✓ Wenn ich nicht mitspielen darf, dann gehe ich zu …

② **Malen**
Anschließend malen die Kinder zu der Geschichte ein passendes Bild.

③ **Gruppenarbeit**
Es folgt nun eine kleine Gruppenarbeit (drei bis vier Kinder) mit folgendem Auftrag: „Erzählt euch gegenseitig, wer eure Freunde sind und wie/wo ihr sie kennengelernt habt. Einigt euch auf eine Geschichte und darauf, wer sie nachher erzählen darf."
Im Plenum darf dann ein Mitglied jeder Gruppe erzählen, wie ein Freund gefunden wurde. Die Klasse malt ein großes Plakat, auf dem mit Zeichen oder Worten steht: „Wir lassen alle mitspielen." Alle unterschreiben.

④ **Weiterführung**
Wenn es in der jeweiligen Lerngruppe Außenseiter oder einfach Kinder gibt, die noch keine Freunde gefunden haben, könnten Sie an dieser Stelle ansetzen und überlegen, wie Sie diese besser in den Schulalltag integrieren können. Ein kleines Helfersystem wäre hier eine praktikable Möglichkeit: Es werden konkret Kinder benannt, die mit dem zu integrierenden Kind spielen, es einladen oder einfach darauf achten, dass es z.B. in der Hofpause nicht alleine ist.

Die kleine Raupe darf nicht mitspielen

Die Geschichte

Die kleine Raupe darf nicht mitspielen

Die kleine Raupe schlief noch unter einem Gebüsch neben ihrem neuen Freund. Beide atmeten tief ein und aus, als ein Sonnenstrahl sie an der Nase kitzelte. Sie wurden wach und reckten und streckten sich erst einmal. Dann sahen sie sich an und grinsten. Wieder fühlte die kleine Raupe ein warmes Gefühl in ihrem Bauch. Sie war glücklich, einen Freund gefunden zu haben.
„Ich habe eine Idee", sagte ihr Freund zu ihr, „lass uns Verstecken spielen."
„Au ja", antwortete die kleine Raupe.
„Ich bleibe hier am Gebüsch und zähle bis zehn, dann suche ich dich." Gesagt, getan. Die kleine Raupe zählte: „1 – 2 – 3 ... Ich komme!" Dann kroch sie los. Sie lauschte, ob sie ein Geräusch hören konnte. Sie streckte ihre Fühler hoch in die Luft. Da war doch etwas! Hinter zwei großen Rhabarberblättern konnte sie leises Kichern hören. Ihr Bauch kribbelte wieder. Das musste ihr Freund sein. Entschlossen schob die kleine Raupe ein Blatt zur Seite und rief: „Ich habe dich gefunden!" Doch zu ihrer Überraschung war hinter den Blättern nicht ihr neuer Freund, sondern zwei fremde Raupen, die sich einen Ball zuwarfen. Die kleine Raupe bekam ein mulmiges Gefühl im Bauch, aber dann fasste sie ihren ganzen Mut zusammen und kroch Stück für Stück zu den beiden hin. „Hallo", sagte sie leise. Die beiden anderen Raupen hörten mit dem Ballspiel auf und sahen die kleine Raupe an. Sie waren etwas erstaunt, eine gleich aussehende Raupe zu sehen. „Hallo", sagte die eine. Die kleine Raupe merkte, wie ihr Bauch begann, seltsam weh zu tun. Sie fragte: „Ich spiele gerade Verstecken mit meinem Freund. Wenn ich ihn gefunden habe, darf ich dann bei euch mitspielen?" Die beiden Raupen sahen sich zunächst an, flüsterten dann miteinander, kicherten ein wenig und krochen langsam auf die kleine Raupe zu. „Nee, kannste nicht", sagte die eine und zog den Kopf ganz hoch, sodass sie größer erschien.
Die kleine Raupe zuckte zusammen. „Wir spielen Spiele mit dem Ball, die du nicht kennst. Außerdem wollen wir lieber alleine spielen." Und so drehten sich die beiden Raupen um und spielten weiter.
Die kleine Raupe drehte sich um und suchte weiter ihren Freund. Aber das komische Gefühl im Bauch ging nicht weg.

5. Die kleine Raupe wird wütend

In der fünften Geschichte steht das Gefühl „Wut" im Vordergrund. Die Kinder können vom „leichten Grummeln" im Bauch (Ich-Zustand) zum „fast Platzen-Können vor Wut" wieder empathisch die Erlebnisse der Raupe mitverfolgen. Erstmals hat die Geschichte ein offenes Ende, sodass Fantasie und Kreativität der Kinder gefragt sind, um die Geschichte gemeinsam zu beenden.

Material und Vorbereitung

- ✓ gebastelte Raupe, Wiese und Sonne
- ✓ Bälle oder Sandsäckchen
- ✓ pro Kind ein weißes Blatt Papier oder das Arbeitsblatt „Die kleine Raupe wird wütend" (s. S. 41)
- ✓ evtl. Vorlage Rollenspiele (s. S. 40)
- ✓ evtl. Plakat

Einstieg in die Geschichte

Die Stunde beginnt mit einem bekannten Ballspiel (bei Platzmangel eignen sich besser Sandsäckchen). Bilden Sie dazu 3er-Gruppen. Zwei Kinder stehen sich gegenüber und werfen sich den Ball oder die Sandsäckchen zu. Das dritte Kind in der Mitte versucht, Ball oder Sandsäckchen zu fangen. Es wird jeweils getauscht. Anschließend wird in einem Sitzkreis der Inhalt der vorangegangenen dritten Geschichte durch ein Reflexionsgespräch wiederholend vertieft.
Anschließend sollen die Kinder mit ihren Händen auf dem Bauch liegen, stehen oder sitzen. Je nach Gruppe können Sie dies vorgeben, oder die Kinder suchen sich ihre Lage selbst aus. Lesen Sie nun die Geschichte vor.

Vertiefung der Geschichte

① Erleben der Geschichte

Es gibt verschiedene Möglichkeiten, die Geschichte zu erleben:

- ✓ Nach dem offenen Ende der Geschichte dürfen alle Kinder direkt oder mit Hilfe ihrer gebastelten Raupe (als Freund) zu Ihrer gebastelten Raupe **sprechen**.
  Anschließend **malen** sie ein Bild zu der Geschichte.
  Dann setzen sich alle Kinder wieder zu einem Kreis zusammen und äußern sich zu der Geschichte. Das Gefühl der Wut wird konkret benannt und dem roten Kreis zugeordnet, da es dort (im Bauch) besonders intensiv empfunden wurde. Die Kinder können dann **eigene Wutgeschichten erzählen**. Anschließend werden verschiedene **Umgangsmöglichkeiten** mit Wut erarbeitet. Dabei ist es besonders wichtig, mögliche Konsequenzen von Wutausbrüchen zu benennen.
- ✓ Fordern Sie am offenen Ende der Geschichte die Kinder auf, ein Ende zu **malen**: Wie ist die kleine Raupe mit der Wut umgegangen? Anschließend **sprechen** alle gemeinsam über die Bilder und über verschiedene Reaktionen.
- ✓ Der dritte Vorschlag ist eigentlich eine Ergänzung zu den o.g. beiden Vorschlägen. Nach dem Besprechen eines möglichen Endes üben die Kinder kleine **Rollenspiele** ein.
  Es bieten sich hier je nach Gruppenstärke 2er-, 3er- oder 4er-Gruppen an. Jede Gruppe erhält eine Vorgabe (s.u.), die die Kinder dann selbst in eine Szene umsetzen können. Erklären Sie den Kindern die einzelnen Szenen, da die meisten Kinder im Anfangsunterricht noch nicht lesen können.

Diese Stunde bietet sich daher auch für ein Lehrerteam an. Schüchterne Kinder sind auch gut als Zuschauer oder Statisten einsetzbar. Auf der Kopiervorlage (s. S. 40) befinden sich die einzelnen Spielszenen, die natürlich gekürzt oder erweitert werden können. Es bietet sich auch an, nur zwei oder drei Spielszenen proben zu lassen. Nach dem Vorspiel der Szenen wird gemeinsam erarbeitet, **wie mit dem Wutgefühl sinnvoll umgegangen werden kann**, ohne den anderen zu verletzen.

✓ Erarbeiten Sie mit der ganzen Gruppe ein **Plakat**, auf dem mögliche Umgangsformen mit Wut aufgemalt/-geschrieben werden, z.B.:

- innerlich bis mindestens zehn zählen (besser bis 20)
- die Zähne zusammenbeißen
- mit dem Fuß stampfen
- die Hände ganz fest auf das Gesicht drücken und hineinschreien
- sich umdrehen und ganz laut schreien

Für ein besonders oft wütendes Kind haben wir erarbeitet, dass es bei einem akuten Wutanfall hinausrennt und eine Runde läuft. Daran wurde dieses Kind dann auch im Laufe des Schuljahres immer wieder erinnert. Die ersten Tage rannte es natürlich besonders häufig um den Schulhof, aber im Laufe der Zeit schaffte es das Kind tatsächlich, seine Wut unter Kontrolle zu bringen, und brauchte so am Ende des ersten Schuljahres gar nicht mehr hinauszugehen.

② Ausblick

Erzählen Sie den Kindern, dass die kleine Raupe in der nächsten Geschichte ein Fest feiern wird, und kündigen Sie an, dass Sie auch mit der Gruppe ein Fest feiern möchten. Gemeinsam wird dieses Fest geplant:

✓ Wann wird gefeiert?
✓ Was wird benötigt?
✓ Wer bringt was mit?

In einer Schulklasse durfte sich jedes Kind ein Kind aus der Parallelklasse aussuchen, in einer anderen Schule luden wir die Patenkinder aus der vierten Klasse ein.

Die Geschichte

Die kleine Raupe wird wütend

Die kleine Raupe lag unter einem Gebüsch, zugedeckt mit einem Blatt, und schlief. Sie atmete tief ein und aus. Dann wurde sie von einer leisen Stimme geweckt: „Hallo! Guten Morgen, kleine Raupe!" Die kleine Raupe öffnete langsam die Augen. Vor ihr stand ihr neuer Freund und lächelte sie an. „Guten Morgen", sagte nun auch die kleine Raupe. „Es ist Zeit, aufzustehen", sagte ihr Freund. „Sieh nur, es ist nicht mehr so schön, es sind ein paar Wolken am Himmel." Die kleine Raupe blickte nach oben.

Tatsächlich, der Himmel war heute nicht so strahlend blau. „Was hältst du davon, wenn jeder von uns etwas zum Essen sammelt und wir uns hier heute Abend zu einem schönen Abendessen wieder treffen?" fragte der Freund die kleine Raupe. „Das ist eine gute Idee", sagte die kleine Raupe und spürte vor Freude ein kleines Kribbeln in ihrem Bauch.
So machten sich beide Raupen – jeder in eine andere Richtung – auf den Weg, um etwas Gutes zum Essen zu suchen. Die kleine Raupe kroch Stück für Stück auf die Blumenwiese. Hier hielt sie einen Moment an und atmete den süßen Blumenduft noch einmal ein und wieder aus. Da sah sie in der Ferne etwas Rotes leuchten: Es waren Waldbeeren. „Mmmh! Die schmecken bestimmt lecker. Die werde ich meinem Freund mitbringen", dachte die kleine Raupe und kroch zügig zu den Beeren. Mühsam pflückte sie drei Beeren ab. Langsam machte sie sich, beladen mit den drei Waldbeeren, auf den Rückweg.
Plötzlich kam eine andere Raupe auf sie zu. Sie grinste hämisch, schubste die kleine Raupe um, nahm ihr die Waldbeeren ab und sagte: „Ha, jetzt brauche ich keine Beeren mehr zu pflücken, du dumme kleine Raupe." Dann kroch sie mit den Beeren davon. Die kleine Raupe lag noch auf dem Boden. Zuerst war sie sehr erschrocken, doch dann dachte sie an die Waldbeeren, die doch als Überraschung für das Abendessen mit ihrem Freund gedacht waren.
Sie spürte ein Grummeln im Bauch. „Kleine, dumme Raupe", hatte die andere Raupe sie genannt. Das Grummeln wurde immer stärker. Wut stieg in ihr hoch. Sie wurde so wütend, dass sie fast platzen wollte. Vor lauter Wut sprang sie auf und stampfte mit ihren Füßen auf die Erde.
Sie boxte in die Luft und schrie hinter der Raupe her: „Du gemeiner Kerl! Die Waldbeeren waren für meinen Freund!" Am liebsten hätte sie die Raupe zurückgeschubst und -geboxt, aber ihre Fühler sagten ihr, dass das keine gute Idee war, denn die Raupe würde sicher zurückschlagen. Davon würde sie die Beeren auch nicht zurückbekommen.
„Bäh!" Die andere Raupe drehte sich noch einmal um, streckte der kleinen Raupe die Zunge heraus und kroch davon. Die kleine Raupe spürte schon wieder dieses Grummeln in ihrem Bauch. Sie war so wütend, dass sie gar nicht merkte, wie schnell sie durch die Blumenwiese stapfte. Als sie fast beim Gebüsch angekommen war, fing es an, zu regnen. „Auch das noch", schimpfte die kleine Raupe. Schnell kroch sie unter das Gebüsch, wo ihr kleiner Freund sie schon lächelnd erwartete. Doch als er das Gesicht der kleinen Raupe sah, sagte er: „Oh, du siehst wütend aus. Erzähl mal, was ist geschehen?"

Möglichkeiten für Rollenspiele:

2–3 Kinder (2 Geschwister, Vater/Mutter) Deine kleine Schwester hat dein Lieblingsspielzeug kaputtgemacht. Wie reagierst du? Hole deine Mutter/deinen Vater zu Hilfe.	**2 Kinder** Du hast mit Bauklötzen eine tolle Burg mit einem hohen Turm gebaut. Dein Geschwisterchen krabbelt vorbei, grinst und wirft den Turm um.
2 Kinder (Vater, Kind) Dein Vater hat dir einen Besuch im Zoo versprochen. An dem Tag, an dem ihr zusammen hingehen wollt, ruft er von der Arbeit aus an und sagt, dass er erst spät nach Hause kommt.	**2 Kinder** Du spielst mit einem Freund im Garten. Gerade, als du dich auf dein neues Kettcar setzen willst, schubst dich dein Freund zur Seite und setzt sich selber darauf.
3–4 Kinder Auf der Straße vor einem Geschäft spielen die Kinder Ball. Der Ball fliegt immer wieder durch die offene Tür ins Geschäft. Immer wieder kommt der Ladenbesitzer heraus und sagt, dass die Kinder abhauen sollen. Er wird immer wütender. Plötzlich fliegt der Ball durch die Fensterscheibe. Der Ladenbesitzer kommt sehr wütend heraus.	**3–4 Kinder (Mutter, Kinder/Geschwister)** Die Mutter möchte, dass die Kinder ihr Zimmer aufräumen. Immer wieder geht sie ins Kinderzimmer, um zu sehen, wie weit sie sind. Jedes Mal haben die Kinder nichts aufgeräumt. Die Mutter wird immer wütender …

Die kleine Raupe wird wütend

6. Die kleine Raupe feiert ein Fest

Die sechste Geschichte bildet einen Höhepunkt der Übungsstunden. Das Gefühl der „Freude" steht im Vordergrund. Die kleine Raupe freut sich darüber, andere Tiere einzuladen, um mit ihnen ein Fest zu feiern. Die Kinder können sich gut in diese Situation hineinversetzen, da sie selbst schon Geburtstag o.Ä. gefeiert und dazu Freunde eingeladen haben. Diese Übungsstunde ist durch die Vorfreude mit positiven Gefühlen besetzt (Verbindung bzw. bewusste Wahrnehmung des Kind-Ichs). Da die Kinder dieses Gefühl real spüren können, verstärkt sich ihre Empathie zur Raupe, die dieses Gefühl in der Geschichte verbal äußert.

Material und Vorbereitung

- ✓ gebastelte Raupe, Wiese und Sonne
- ✓ pro Kind ein weißes Blatt Papier oder das Arbeitsblatt „Die kleine Raupe feiert ein Fest" (s. S. 45)
- ✓ Buntstifte
- ✓ CD-Player
- ✓ evtl. mitgebrachte Utensilien (von Ihnen oder von den Kindern)
- ✓ Musik-CDs
- ✓ Luftschlangen
- ✓ Luftballons
- ✓ Obst oder Knabbersachen

Einstieg in die Geschichte

Als Einstieg in die Stunde erfolgt wieder eine Reflexion über die letzte Stunde. Lesen Sie anschließend den Beginn der neuen „Raupengeschichte" bis „Heute will ich wieder fröhlich sein." vor.

Vertiefung der Geschichte

① Gespräch

Weisen Sie die Kinder nach der Unterbrechung der Geschichte an der Stelle „Heute will ich wieder fröhlich sein" darauf hin, dass die Raupe in der Lage ist, trotz des vorherigen Streits und der unguten Gefühle im Bauch wieder fröhlich zu sein.

Vielen Kindern fällt es besonders schwer, nach einem Streit wieder in den Alltag zurückzufinden und „die Sache zu vergessen". Dann aber können Sie, z.B. nach einer Streitsituation in der Gruppe, an die Raupe erinnern und die Kinder dazu ermuntern, es ihr nachzutun und zu versuchen, wieder Freude zu gewinnen. An dieser Stelle der Geschichte können die Kinder auch selbst erzählen, wie sie nach einem Streit o.Ä. wieder fröhlich werden. Erzählen Sie anschließend die Geschichte zu Ende.

② Das Fest

Nun werden die letzten Vorbereitungen für das Fest getroffen. Die Kinder sollen selbstständig Einladungskarten entwerfen und überlegen, wen sie einladen. Es wird abgesprochen, wer Dekoration/Essen/Trinken mitbringt, welche Musik gehört werden soll und wie der weitere Ablauf gestaltet werden kann. Häufig schlagen die Kinder hier Tanzspiele vor. Planen Sie außerdem ein, den „Raupenspruch" den Gästen vorzustellen.

Da die Gestaltung eines Festes sehr individuell ausfällt, möchten wir unseren Vorschlag dazu als Erlebnisbericht darstellen:

Im Anschluss an die vierte Einheit durften die Kinder jeweils ein Kind aus der Parallelklasse einladen. Schon dieses Erlebnis löste Aufregung und Vorfreude aus (Wen lade ich ein, wer ist mir wichtig?). Bei der Reflexion erzählte ein Mädchen, dass es ihr bei der Einladung ihrer besten Freundin ganz warm im Bauch geworden ist. Auch die Aufgabe, jeweils ein abgesprochenes Utensil zum Fest mitzubringen, haben alle Kinder selbstständig erfüllt. Das Fest wurde zum vollen Erfolg: Die Kinder holten ihre Gäste und kamen „Hand in Hand" in den Raum. Es wurde gemeinsam getanzt, gelacht, gegessen und getrunken. Die Kinder der „Raupengruppe" waren sichtlich stolz, ihren Gästen den „Raupenspruch" vorzuführen. Auch nach dem Fest übertrug sich die Fröhlichkeit in den Schulalltag. Ein Kind der Gruppe, welches zu aggressivem Verhalten neigt, war im weiteren Tagesverlauf auffallend ausgeglichen und ruhig.

Diese positive Grundstimmung (übrigens auch bei uns), die durch ein einfaches kleines Fest hervorgerufen wurde, zeigt auch die Möglichkeit auf, ohne besonderen Anlass, selbstständig und mit wenig Aufwand wieder Fröhlichkeit in die Gruppe und in den Arbeitsalltag zu bringen.

③ **Malen**

Das Bild kann unterschiedlich ausfallen:

- ✓ Die Kinder malen das Fest der Raupe und ihrer Freunde.
- ✓ Die Kinder malen ihr eigenes Fest.
- ✓ Die Kinder gestalten mit einem Foto ihres Festes z.B. einen Bilderrahmen.

④ **Reflexion**

In der Stunde nach dem Fest sollte eine Reflexion stattfinden, in der die Kinder äußern dürfen, was ihnen besonders gefallen hat und was nicht. Sie können mitgebrachte Fotos betrachten und überlegen, ob ein derartiges Fest am Ende des Kindergarten-/Schuljahres wiederholt werden kann.

Die Geschichte

Die kleine Raupe feiert ein Fest

Die kleine Raupe lag mit ihrem Freund unter einem großen Blatt im Gebüsch und schlief. Sie atmete tief ein und aus. Und immer wieder: ein und aus.
Plitsch! Ein Regentropfen kullerte erst langsam über ein Blatt und dann noch einmal Plitsch! – auf das Gesicht der kleinen Raupe. „Brrr!" Die kleine Raupe schüttelte sich und rieb sich die Augen. „Nanu", dachte sie, „hat schon wieder ein neuer Tag begonnen?" Sie blickte zum Himmel. Heute war er blau und klar. Die Sonne schien warm auf die Erde. Die kleine Raupe wischte sich noch einen letzten Regentropfen aus ihren Fühlern und dachte an den vorherigen Tag. Da hatte es geregnet, und als sie drei Waldbeeren für ihren Freund gesammelt hatte, hatte eine andere Raupe

sie geschubst und ihr die Beeren weggenommen. Das war gemein! Die kleine Raupe spürte wieder dieses Grummeln im Bauch. Dann sah sie neben sich ihren Freund friedlich schlafen. „Ach was!", sagte die kleine Raupe zu sich selbst und schüttelte ihre Arme aus. „Das war gestern. Heute will ich wieder fröhlich sein."

Da kam ihr eine Idee: Wie wäre es, wenn sie mit ihrem Freund ein Fest veranstalten würde? Dann könnten heute viele Wiesenbewohner fröhlich sein. Das Grummeln in ihrem Bauch war verschwunden. Stattdessen spürte sie ein aufregendes Kribbeln. Schnell weckte sie ihren Freund und erzählte ihm von ihrer Idee.
„Au ja!", sagte er. „Lass uns losgehen und die anderen Tiere einladen."
So machten sich die beiden auf den Weg, Stück für Stück. Zuerst trafen sie den Regenwurm. „Guten Tag, Regenwurm. Wir wollen heute ein Fest feiern und möchten dich ganz herzlich dazu einladen." Der Regenwurm strahlte. „Miiiiich? Das ist aber nett von euch. Ich komme gerne." Als die kleine Raupe sah, wie sehr sich der Regenwurm über die Einladung freute, spürte sie ein ganz warmes Gefühl im Bauch. „Ich bringe auch etwas zu essen mit", sagte der Regenwurm. Dann rief er noch: „Bis heute Abend! Ich freue mich schon!", bevor er in der Erde verschwand. Die kleine Raupe und ihr Freund sahen sich an und lächelten. Sie waren beide sehr froh darüber, dass ihr erster Gast sich so über die Einladung freute. Und so zogen sie weiter, Stück für Stück. Sie trafen noch viele Tiere: zwei Käfer, drei Bienen, vier Grashüpfer und fünf Ameisen. Als die kleine Raupe sah, wie sehr die Tiere sich über ihre Einladung freuten, wurde ihr Gefühl im Bauch immer wärmer. So sehr freute sie sich.
Dann krochen die kleine Raupe und ihr Freund zurück ins Gebüsch, nahe der Blumenwiese. Sie hatten unterwegs noch ein paar Beeren gesammelt, die sie abends auf dem Fest essen wollten. Damit es ein schönes Wiesenfest werden konnte, flochten die Raupen Girlanden aus bunten Blüten. Bald wurde es dämmerig, und die ersten Gäste kamen. Jeder hatte etwas mitgebracht: Beeren, Blätter, Blütennektar und köstlichen Honig. Alle Tiere waren sehr fröhlich. Sie lachten, sangen und tanzten miteinander. Die kleine Raupe spürte nun ganz deutlich wieder dieses warme Gefühl im Bauch. Glücklich lächelte sie ihren Freund an. Er lächelte zurück. „Mein Freund sieht auch glücklich aus", dachte sie, „ob er wohl auch dieses warme Gefühl im Bauch spürt? Ich muss ihn unbedingt danach fragen."
Als sich alle Gäste verabschiedet hatten, sagte sie: „War das ein schönes Fest! Alle Tiere waren fröhlich und glücklich. Und ich habe den ganzen Tag ein warmes Gefühl im Bauch gespürt. Ich glaube, das war die Freude."
Die beiden Raupen sahen sich an und lächelten. Die kleine Raupe drückte mit ihrer Hand die Hand ihres Freundes. „Und ich bin froh, dich als Freund zu haben!", sagte sie. „Ich auch!", antwortete ihr Freund. Die kleine Raupe blickte in den klaren Sternenhimmel, seufzte noch einmal tief ein und aus und schlief dann glücklich und zufrieden ein.

Die kleine Raupe feiert ein Fest

7. Die kleine Raupe hat Angst

Die siebte Geschichte beschäftigt sich mit dem elementaren Thema „Angst", das jedem Kind bekannt ist. Die eigenen Erfahrungen spielen daher in dieser Einheit eine große Rolle. Der Anspruch an die Kinder ist relativ hoch, da sie die Geschichte der Raupe nicht nur reflektieren, sondern auch eigene Ideen einbringen müssen. Sie sollen den weiteren Verlauf äußern und möglichst viele Konfliktlösungsmuster zur Sprache bringen. Diese werden mit den jeweiligen Konsequenzen erörtert. Diesen Weg der Konfliktlösung – über das Erwachsenen-Ich erst mögliche Konsequenzen abzuwägen und sich dann zu entscheiden –, soll den Kindern als besonders effektiv vermittelt werden.

Material und Vorbereitung

- ✓ die gebastelte Raupe, Wiese und Sonne
- ✓ pro Kind ein weißes Blatt Papier oder das Arbeitsblatt „Die kleine Raupe hat Angst" (s. S. 51)
- ✓ Buntstifte
- ✓ ein kleiner Tannenzweig
- ✓ evtl. Seil
- ✓ pro 4er-Gruppe ein Arbeitsblatt Placemat auf DIN A3 kopiert (s. S. 50)
- ✓ Plakat

Bevor die Kinder in den Raum kommen, liegt die gebastelte Raupe unter einem Tannenzweig in der Mitte des Raums.

Einstieg in die Geschichte

Zunächst erfolgt das Reflexionsgespräch über das gemeinsame Fest in der letzten Übungsstunde. Weisen Sie auf die Mitte des Raums hin. Die Kinder sollen vermuten, warum sich die Raupe dort befindet (sie hat sich versteckt, sie hat Angst, sie schläft, etc.). Lesen Sie nun unkommentiert die Geschichte vor. Die Kinder sitzen dazu im Kreis und halten sich alle an einem Seil fest. An der Stelle, an der sich die kleine Raupe unter einer Tanne versteckt und sich Gedanken zu ihrem Angst-Erlebnis macht („Dabei sagten ihr die Fühler, dass dieses Gefühl ‚Angst' heißt."), wird die Geschichte unterbrochen.

Vertiefung der Geschichte

Es gibt verschiedene Möglichkeiten, die Geschichte zu erleben:

① Zwischenreflexion – malen

Stoßen Sie nach der Unterbrechung eine Zwischenreflexion an. Dazu sollen sich die Kinder spontan äußern und auch persönliche Erlebnisse erzählen. Der zentrale Teil des Gespräches beinhaltet nun, mögliche Handlungsstrategien bzw. Umgangsmöglichkeiten mit der Angst sowie deren Konsequenzen zusammenzutragen. Besonders effektive Konfliktlösungsmuster werden anschließend herausgestellt.
Nach dem Vorlesen der restlichen Geschichte und dem Malen haben die Kinder noch einmal die Möglichkeit, sich zum Verlauf der Geschichte bzw. den Umgang der kleinen Raupe mit der Angst zu äußern und sich auszutauschen. Zum Abschluss setzen alle Kinder ihre Raupe wieder auf die Wiese. Geben Sie den Kindern den Auftrag, zum nächsten Treffen eine Decke und ein kleines Kissen mitzubringen.

Trotz dieses hohen Anspruchs gab es auch im Kindergarten sehr offene Gespräche der Kinder untereinander, z.B. direkte Ansprache an ein aggressives Kind („Manchmal habe ich

auch Angst vor dir, wenn du mich kneifst und trittst."). Hier zeigte sich die direkte Umsetzungsfähigkeit der Kinder auch schon im Kindergartenalter – und Sie können sofort auf solche Äußerungen reagieren. Die Effektivität einer solchen Übung ist besonders groß, wenn die Kinder über sich selbst und gegenseitig reflektieren. Für Kinder ist es eindrucksvoller, von einem Gruppenkind sein Fehlverhalten aufgezeigt zu bekommen, als von den Erziehern oder Lehrern. Dann haben auch andere Mut, sich ebenfalls zu äußern und sich „zu beschweren".

② **Gespräch – Placemat – Plakat**

Thematisieren Sie nach der Unterbrechung die Angst der Raupe in einem Gespräch. Ziel ist es, sich mit Angstsituationen auseinanderzusetzen, indem sie zunächst benannt werden. Dies alleine zu tun, würde wenig Sinn machen und eher noch mehr Ängste schüren. Daher eignet sich hier besonders die kooperierende Lernform „placemat". Da diese sicherlich in den ersten Schulwochen noch nicht bekannt ist, können Sie sie in dieser Einheit einführen. Planen Sie jedoch dafür mehr Zeit als eine Schulstunde ein. Die Kinder wenden nun die Placemat auf das Thema „Angst" an. Auf dem vorliegenden Arbeitsblatt befindet sich in der Mitte die kleine Raupe unter der Tanne als Symbol für Angst. In 4er-Gruppen halten die Kinder nun eigene Ängste als Zeichnung, Symbol oder Schrift auf ihrer Seite fest. Dabei stehen die zentralen Fragen „Wovor hast du Angst? Wovor fürchtest du dich?" im Vordergrund. Nach einer ca. 10-minütigen Arbeitsphase stellen sich die Kinder in der Kleingruppe gegenseitig ihre Aufzeichnungen vor. Haben zwei oder mehr Kinder die gleichen Ängste geäußert (z.B. Gewitter), wird dies in die Mitte der Placemat eingezeichnet oder -geschrieben. Anschließend kommen alle Gruppen im Tafelkino zusammen. Ein Kind aus jeder Gruppe stellt die Ergebnisse vor. Die Placemats werden in der Klasse aufgehängt. Weisen Sie noch einmal darauf hin, dass jedes Kind (und jeder Erwachsene!) schon einmal Angst hatte. Ziel ist, den Kindern zu vermitteln, dass dieses Gefühl zum Leben dazugehört.

In der nun folgenden Unterrichtsstunde geht es darum, Handlungsstrategien für Angstsituationen zu benennen. Diese „Lebenshilfe" soll die Kinder dabei unterstützen, sich mit ihrer Angst auseinanderzusetzen und nach Lösungen für ein Problem zu suchen. Greifen Sie nun einzelne Angstaufzeichnungen aus den Placemats heraus, und suchen Sie gemeinsam mit den Kindern nach Möglichkeiten, der Angst zu begegnen und sie „loszuwerden".
Dazu wird nun ein „Angst loswerden-Plakat" erstellt. Malen/zeichnen/schreiben Sie auf der linken Seite „Angst", z.B. Angst auf dem Schulhof, weil man niemanden zum Spielen hat. Auf der rechten Seite werden die Handlungen benannt, die in einer solchen Angstsituation möglich sind, z.B. zu der Aufsicht laufen und bei ihr bleiben, einen Freund/Paten suchen etc. Hängen Sie die Plakate gut sichtbar in der Klasse auf, damit die Kinder immer wieder Gelegenheit haben, sich die möglichen Handlungsmuster anzusehen. Den Kindern soll ganz bewusst werden, dass alle in der Gruppe Angstsituationen durchleben und sie damit nicht alleine sind.

Erzählen Sie zum Abschluss die restliche Geschichte der Raupe. Die Kinder äußern sich noch einmal zu ihrer Situation. Danach malen die Kinder das Bild zu der Geschichte.

Die Geschichte

Die kleine Raupe hat Angst

Die kleine Raupe schlief noch neben ihrem Freund unter einem Blatt und träumte von ihrem Fest. Plötzlich wurde sie von einem heftigen Windstoß geweckt. Huch! War das aber kalt. Ihre schöne, warme Blätterdecke war von einem Windstoß weggefegt worden. Auch ihr Freund wurde wach und sah sich um. Der Wind fegte über die Wiese, alle Blumen und Grashalme beugten sich. Die kleine Raupe sagte zu ihrem Freund: „Ich glaube, wir sollten uns eine neue Blätterdecke suchen. Die nächste Nacht wird bestimmt kalt." „Da hast du Recht!", sagte ihr Freund. So zogen sie beide los. Stück für Stück kroch die kleine Raupe vorwärts. Als sie zu einem großen Baum kam, entdeckte sie zwischen den Wurzeln einige schöne Blätter. Fröhlich krabbelte sie auf die Blätter zu, fasste sie mit beiden Händen an und begann, kräftig daran zu ziehen. Plötzlich hörte sie eine laute Stimme: „Wer wagt es, mir die Decke wegzuziehen?" Die kleine Raupe erschrak fürchterlich. Es fühlte sich an, als hätte sie ein Blitz in ihre Fühler getroffen, der nun langsam in ihren Bauch zog. Sie ließ vor Schreck die Blätter fallen. Hervor kroch eine große Raupe mit großen Augen, die sie böse anfunkelten. Der rote Bauch sah besonders groß aus. „Leg sofort die Blätter wieder hin. Sie gehören mir! Und dann mach, dass du fortkommst, sonst kannst du was erleben!" Die kleine Raupe hielt den Atem an. Sie hatte das Gefühl, als hätte ihr jemand in den Bauch geboxt. Sie drehte sich um, so schnell sie konnte, und kroch so schnell vorwärts wie noch nie. Erst unter einer kleinen Tanne hielt sie an und atmete schnell ein und aus. Sie fühlte, wie sie zitterte. Ihr Herz klopfte fast bis zum Hals, und sie glaubte immer noch, die laute Stimme der großen Raupe zu hören. Die Gedanken wirbelten in ihrem Kopf umher. Dabei sagten ihr die Fühler, dass dieses Gefühl „Angst" heißt.

Die kleine Raupe hielt wieder den Atem an. Sie atmete ganz langsam wieder ein und aus. Sie dachte nach. Angst hieß dieses Gefühl. Sie hatte Angst vor der bösen, großen Raupe, die sie so angeschrien hatte. Sie musste plötzlich an ihren Freund denken. Der hatte sie noch nie so angeschrien, vor dem hatte sie noch nie Angst gehabt. Der Gedanke an ihren Freund beruhigte sie. Doch trotzdem ging ihr die böse, große Raupe nicht aus dem Kopf. Was wäre, wenn die böse, große Raupe ihr noch einmal begegnen würde? Müsste sie dann immer Angst vor ihr haben? Die kleine Raupe mochte dieses Gefühl nicht. Die Fühler der kleinen Raupe erinnerten sie daran, dass die große Raupe sie angeschrien hatte: „Das sind meine Blätter!" Doch das wusste die kleine Raupe ja nicht, sie wollte doch nur eine neue, warme Blätterdecke für sich und ihren Freund. Die kleine Raupe überlegte weiter: Das hatte sie der großen Raupe ja gar nicht gesagt. Die Raupe konnte ja gar nicht wissen,

warum die kleine Raupe die Blätter mitnehmen wollte. Und wenn sie jetzt nach Hause gehen würde, würde die große Raupe das niemals erfahren, und vielleicht immer böse auf die kleine Raupe bleiben. Die kleine Raupe klatschte in die Hände. Das war es! Sie musste zurück und mit der großen Raupe reden. Sie machte sich auf den Weg. Ihre Fühler sagten ihr, dass sie das Richtige tat, aber in ihrem Bauch begann es, zu kribbeln. Wie würde die große, böse Raupe reagieren? Endlich war sie am Baum der großen Raupe angekommen. Das Kribbeln im Bauch wurde stärker. Dann dachte die kleine Raupe an ihren Freund, mit dem sie über alles sprechen konnte. So nahm sie allen Mut zusammen und sprach laut und deutlich: „Ich wusste nicht, dass dir die Blätter gehören, sonst hätte ich sie dir nicht weggenommen!" Jetzt war es ganz still. Die kleine Raupe spürte nur noch ihr Kribbeln im Bauch und sah auf den Blätterhaufen. Da begannen die Blätter, zu rascheln, und zum Vorschein kam die böse Raupe. Aber böse? Sie schaute die kleine Raupe verdutzt an. Sie hatte nicht damit gerechnet, dass die kleine Raupe noch einmal zurückkam. Dann sagte sie: „Du wusstest nicht, dass das meine Blätter sind? Ich dachte, du wolltest mich ärgern. Heute Morgen wollte mir schon einmal eine Raupe die Blätter wegnehmen. Deshalb war ich so wütend." Die kleine Raupe stutzte. Die große Raupe sprach ganz freundlich zu ihr. Und auch ihre Augen funkelten nicht mehr. Sogar der dicke, rote Bauch war nicht mehr so groß. Das Kribbeln im Bauch wurde weniger. „Und ich wusste nicht, dass dir heute schon einmal jemand die Blätter wegnehmen wollte und dass du deshalb so wütend warst."
„Hm", sagte da die große Raupe und lächelte. „Vielleicht hätten wir uns das sagen sollen." „Ja", antwortete die kleine Raupe und dachte: „Dann hättest du nicht so wütend werden müssen und ich hätte nicht so eine schreckliche Angst haben müssen." Die große Raupe antwortete: „Ich glaube, du hast Recht. Aber in dem Moment, als du mir die Blätter weggenommen hast, war meine Wut im Bauch so stark, dass ich nicht mehr nachgedacht habe, sondern nur geschrien habe – entschuldige bitte."
Jetzt fühlte die kleine Raupe ein warmes Gefühl im Bauch. Ihre Fühler sagten ihr: Die große Raupe ist gar nicht so böse, sie war nur wütend, als ich ihr die Blätter wegnehmen wollte. Die kleine Raupe sagte deshalb: „Jetzt ist es wieder gut. Ich habe keine Angst mehr, und du musst nicht mehr wütend sein."
Die große Raupe lächelte: „Danke! Mir geht es jetzt auch wieder besser. Und wenn du magst, helfe ich dir beim Blättersuchen."
„Au ja", sagte die kleine Raupe. So machten sich die beiden auf den Weg und fanden zwei wunderbare große Blätter. „Danke fürs Helfen", sagte die kleine Raupe. „Und ich danke dir dafür, dass du noch einmal mit mir gesprochen hast. So brauche ich mich nicht mehr den ganzen Tag zu ärgern. Ich glaub', ich mag dich", sagte die große Raupe. „Ich mag dich auch", sagte die kleine Raupe und fühlte wieder dieses warme Gefühl im Bauch. So verabschiedeten sie sich voneinander.
An diesem Abend erzählte die kleine Raupe ihrem Freund, was sie erlebt hatte. „Das hast du wirklich gut gemacht", lobte sie ihr Freund.

Placemat: Die kleine Raupe hat Angst

Die kleine Raupe hat Angst

8. Die kleine Raupe streitet sich mit ihrem Freund

Diese Geschichte konfrontiert die Kinder mit einem relativ belastenden Thema. Damit sich die Kinder damit leichter auseinandersetzen und es verarbeiten können, haben wir für diese Übungsstunde ein paar praktische Handlungsweisen eingeplant: Die Konfliktsituation aus der Geschichte wird als Rollenspiel umgesetzt. Wichtig ist hierbei die Förderung der Empathie. Daher wird die Szene von jeweils zwei Kindern – auch mit Rollentausch – nachgespielt (Wahrnehmung des eigenen und fremden Ich-Zustands).

Material und Vorbereitung

- ✓ gebastelte Raupe mit einem Blätterverband, Wiese und Sonne
- ✓ pro Kind ein weißes Blatt Papier oder das Arbeitsblatt „Die kleine Raupe streitet sich mit ihrem Freund" (s. S. 55)
- ✓ Buntstifte
- ✓ evtl. Decken und kleine Kissen

Einstieg in die Geschichte

Die Kinder setzen sich mit ihren Raupen auf die Decken. Es folgt zunächst das Reflexionsgespräch zur siebten Übungsstunde. Weisen Sie anschließend auf die Raupe hin, die mit einem Blätterverband auf dem Boden liegt. Die Kinder äußern Vermutungen, was mit der Raupe passiert sein könnte. Als Überleitung zur Geschichte wird gemeinsam herausgestellt, dass die Raupe verletzt ist.
Die Kinder dürfen es sich nun auf ihren Decken (im Sitzkreis) bequem machen. Lesen Sie die achte „Raupengeschichte" vor.

Vertiefung der Geschichte

① Malen

Im Anschluss an die Geschichte folgt ein Moment der Stille, in dem die Kinder über die Geschichte nachdenken dürfen, sich recken und strecken und dann leise an ihre Tische (bzw. vorbereiteten Maltische) zurückgehen. Ohne Kommentar sollen sie ein Bild zu der Geschichte malen.

② Rollenspiel

Die Bilder werden an der Wand/Tafel aufgehängt und von den Kindern beschrieben. Entweder erzählen die Kinder über ihr eigenes Bild oder beschreiben die Bilder der anderen. Über das Gemalte äußern sie sich dann zu der Geschichte. Die Kinder benennen (mit Ihrer Hilfe) die Problemsituation. Nun wird die Geschichte nachgespielt. Die Decken und Kissen bilden zusammen ein „Mooskissen", um das sich die Kinder setzen. Im Folgenden gibt es zwei Möglichkeiten:

- ✓ Jeweils zwei Kinder der Gruppe spielen die Streitszene aus der Geschichte, wobei die Rollen auch getauscht werden.
- ✓ Die Gruppe wird in 2er-Gruppen aufgeteilt, und die Kinder spielen selbstständig die Streitszene mit Rollentausch. Anschließend dürfen ein paar Gruppen vor der Klasse noch einmal ihre Darstellung präsentieren.

Der Vorteil des einzelnen Vorspiels liegt natürlich darin, dass die anderen Kinder das Spiel beobachten können. Vorteil der Partnerarbeit ist, dass Sie herumgehen und beobachten können.

Durch das „hautnahe" Nachempfinden der Situation und das Erleben beider Rollen (Verletzter und Verletzender) können die Kinder die jeweiligen Ich-Zustände wahrnehmen. Durch das mehrmalige Vorspielen der Situation festigt sich der Inhalt intensiver.
Heben Sie die Bedeutung einer Entschuldigung besonders hervor: Die Kinder üben dies durch das Rollenspiel. Sich wirklich zu entschuldigen, fällt manchen Kindern schwer. Oft sind sie es auch von zu Hause aus nicht gewohnt.

③ Reflexion

Im abschließenden Reflexionsgespräch soll nun nochmals herausgearbeitet werden, dass in Streitsituationen nur das Verhalten in einer konkreten Situation kritisiert und nicht der ganze Mensch in Frage gestellt wird. So ist es besser, z.B. nicht zu sagen „Du bist doof!", sondern „Ich finde es doof, dass du … gemacht hast." Die „böse" Raupe ist nur in dieser Situation böse, nicht grundsätzlich.
Nun können Sie noch Möglichkeiten erarbeiten, auf welche Art und Weise man sich für ein Fehlverhalten entschuldigen kann (z.B. „Entschuldigung" sagen und dabei die Hand reichen/jemanden umarmen, ein Bild malen oder einen Brief schreiben).

④ Ausblick

Weisen Sie die Kinder darauf hin, dass die Raupe in der nächsten Stunde etwas Wunderbares träumt und dass die Kinder wieder Decken und Kissen mitbringen. Außerdem sollen sie etwas „Wunderschönes" von zu Hause mitbringen, z.B. ein Kuscheltier, einen besonderen Stein etc.

Abb.: Dorothee Wolters

Die Geschichte

Die kleine Raupe streitet sich mit ihrem Freund

Die kleine Raupe und ihr Freund lagen unter der warmen Blätterdecke und schliefen. Das Zwitschern eines Vogels weckte die kleine Raupe. Sie lauschte dem Vogelgesang und weckte ihren Freund, damit er auch zuhören konnte.
Da! – Plötzlich breitete der Vogel seine Flügel aus und begann, zu fliegen. Erst hinab vom Baum über die Blütenwiese, dann wieder hinauf zur warmen Sonne, immer weiter, bis die kleine Raupe und ihr Freund nur noch einen kleinen, schwarzen Punkt am Himmel sahen.
„Oh, so möchte ich auch einmal fliegen können. Das muss schön sein. Wir sehen immer nur unsere Blumenwiese und diese Bäume und Sträucher hier", sagte die kleine Raupe. Nach einer Weile überlegte sie laut: „Warum eigentlich? Warum machen wir uns nicht auf den Weg und entdecken auch etwas von der Welt, wie der Vogel?" „Hm", sagte ihr Freund, „wenn du möchtest, komme ich mit auf eine Reise."
„Au ja", sagte die kleine Raupe. Und so machten sie sich fröhlich und neugierig auf den Weg. Nachdem sie ein ganzes Stück gegangen waren, kamen sie auf einen Steinweg. „Wo wird der Weg wohl hinführen?", fragte die kleine Raupe. „Wir wissen es nicht, aber wenn wir da weitergehen, werden wir es erfahren", sagte ihr Freund.
Die kleine Raupe dachte nach. Ihre Fühler sagten ihr: Pass auf dich auf! Zu Hause bist du sicher. Warum willst du dich in Gefahr begeben? Im Bauch fühlte sie die Neugier kribbeln: Wohin führt der Weg? Was werde ich Schönes erleben? Die kleine Raupe klatschte in die Hände und rief: „Lass uns den Weg gehen und sehen, wohin er uns führt. Wenn es uns nicht gefällt, gehen wir einfach zurück nach Hause." Und so zogen sie langsam über den Steinweg. Das war für die Raupen sehr beschwerlich. Die Sonne prallte auf ihre Rücken, und es war kein Gebüsch oder Strauch zu sehen, der Schatten gespendet hätte. Die kleine Raupe wurde immer langsamer. Ihre Füße taten ihr weh, und sie hatte Durst. Ihr Freund lief ein Stück vor ihr her und rief: „Nun komm, wir müssen weiter. Vielleicht finden wir ja einen weicheren Platz zum Ausruhen. Diese Steine unter den Füßen sind sehr hart."
Die kleine Raupe nickte nur, so erschöpft war sie. Sie bemühte sich, ihren Freund einzuholen. Nach einer Wegbiegung sahen sie etwas Grünes in weiter Ferne schimmern. Es sah aus wie ein kleines Mooskissen mitten auf dem Steinweg. Die beiden Raupen beeilten sich, zu dem weichen Platz zu gelangen. Doch kurz bevor die kleine Raupe sich auf das weiche Mooskissen legen konnte, wurde sie von ihrem Freund zur Seite geschubst. Er schrie: „Ich will mich hier hinlegen. Ich habe das Mooskissen zuerst gesehen!" Die kleine Raupe fiel auf den harten Steinweg. Ihr Fuß schmerzte. Aber was noch viel schlimmer war: Ihr Freund hatte sie angeschrien und ihr weh getan.

Fortsetzung S. 56 →

Die kleine Raupe streitet sich mit ihrem Freund

In ihrem Bauch grummelte es. Wut und Schmerz stiegen in ihr hoch. „Du bist gemein!", schrie die kleine Raupe. Beide sahen sich mit funkelnden Augen an. „Du bist selber gemein, schließlich habe ich das Mooskissen zuerst gesehen, und du wolltest es mir wegnehmen!", schrie der Freund zurück. „Das ist nicht wahr! Und außerdem gehört es dir gar nicht!", schrie die kleine Raupe zurück. „Ist mir doch egal, such dir doch selbst ein Mooskissen!", brüllte ihr Freund. Das war zu viel für die kleine Raupe. Das Gefühl in ihrem Bauch tat weh, ihr Fuß schmerzte, und sie war weit weg von zu Hause. Sie hockte sich hin und begann, zu weinen. Viele Gedanken kreisten in ihrem Kopf: Warum war ihr Freund plötzlich so gemein zu ihr? Warum haben sie sich überhaupt gestritten? Und wusste ihr Freund eigentlich, dass er ihr so weh getan hatte?

Plötzlich meldeten sich ihre Fühler. Das war doch so ähnlich wie bei der bösen Raupe, die eigentlich gar nicht so böse, sondern nur wütend war, weil sie vorher schon einmal etwas Ärgerliches erlebt hatte.

Die kleine Raupe putzte sich ihre Nase.

Sie holte tief Luft und humpelte zu ihrem Freund. Dann sagte sie zu ihm: „Ich will mich nicht mit dir streiten, weil du mein Freund bist. Aber ich will dir sagen, dass du mir weh getan hast. Mein Fuß tut mir weh, weil du mich auf die Steine geschubst hast. Außerdem wollte ich dir das Mooskissen nicht wegnehmen. Wir hätten uns auch gemeinsam darauf legen können." Die beiden Raupen sahen sich an. Ihre Augen funkelten nun nicht mehr. Das Grummeln im Bauch wurde weniger. Der Freund sah auf den Fuß der kleinen Raupe. Er sah eine dicke Schramme. Da bekam er ein komisches Gefühl im Bauch. Seine Fühler sagten ihm, dass er einen Fehler gemacht hatte. Man darf keine andere Raupe verletzen. Nun hatte er ein schlechtes Gewissen. Er überlegte. Dann nahm er die Hand der kleinen Raupe und half ihr auf das Mooskissen. „Es tut mir leid", sagte er, „ich weiß auch nicht, was eben mit mir los war. Meine Füße taten mir so weh vom harten Steinweg, und da wollte ich eben einfach nur noch meine Ruhe haben. Da habe ich nicht nachgedacht und dich einfach geschubst. Aber eigentlich wollte ich dir nicht weh tun." Er holte tief Luft: „Bleibst du trotzdem mein Freund?", fragte er. Die kleine Raupe schaute ihn an. Sie spürte noch ein leichtes Grummeln im Bauch. Doch ihre Fühler sagten ihr, dass sie ihrem Freund verzeihen könnte. Sie nahm seine Hand. „Ja", sagte sie „ich bleibe trotzdem dein Freund. Jeder macht mal einen Fehler." Ihr Freund sah sie erleichtert an. „Ich bin froh, dass wir uns wieder vertragen. Ich mag dich nämlich sehr."

Die kleine Raupe lächelte. Das Grummeln im Bauch war nun ganz verschwunden. Stattdessen fühlte sie wieder etwas von der Wärme in ihrem Bauch. Nachdem sie sich noch etwas ausgeruht hatten, machten sich die beiden wieder auf den Weg und suchten sich am Wegesrand ein Gebüsch. Inzwischen war es Abend geworden. Die kleine Raupe legte sich neben ihren Freund zum Schlafen hin. Ihr Fuß schmerzte nur noch ganz wenig. Ihr Freund hatte ihr einen Blätterverband um den Fuß gewickelt. „Gute Nacht, kleine Raupe", sagte er. „Gute Nacht, mein Freund", sagte die kleine Raupe und schlief ein.

9. Die kleine Raupe hat einen wunderschönen Traum

Diese Übungsstunde bildet den Abschluss der „Raupengeschichten". Die Geschichte beschreibt eine eigene Fantasiegeschichte (Traum der kleinen Raupe) im Rahmen der neunten Erlebnisgeschichte.

In dem Traum verwandelt sich die kleine Raupe in einen Schmetterling, nachdem sie in Gedanken die verschiedenen Situationen ihres Lebens nachvollzieht. Dies ruft bei den Kindern noch einmal alle Erlebnisse der kleinen Raupe ins Gedächtnis und macht ihnen bewusst, wie sehr sie am Leben der kleinen Raupe teilgenommen haben (Wahrnehmung des eigenen Ich-Zustands). In der Geschichte symbolisiert die Wandlung von der Raupe zum Schmetterling eine Weiterentwicklung zum freieren, bewussteren Leben. Manche Kinder vergleichen die Verwandlung der Raupe mit sich selbst. Sie sehen ihr Leben als „kleine" Raupe im Kindergarten und nun, verwandelt in einen „großen" Schmetterling, in der Schule. Auch sie haben sich vielleicht verändert und nehmen es plötzlich bewusst wahr.

Die kleine Raupe hat viel gelernt. Dieses Wissen kann ihr keiner mehr nehmen, es ist ihre Lebensgeschichte. So wie die Raupe hat auch jedes Kind seine eigene Lebensgeschichte und kann dieses Wissen, welches es durch die Übungsstunden erfahren hat, auf sich selbst übertragen.

Für die Kinder ist die Wandlung zunächst ein logisches Ende der „Raupengeschichten". Der Transfer zu der Umsetzungsmöglichkeit in ihrer eigenen Lebensgeschichte kann nur angedeutet werden und wird ihnen erst später beim Anschauen des Raupenbilderbuchs bewusst (10. Einheit).

Material und Vorbereitung

- ✓ gebastelte Raupe, Wiese und Sonne
- ✓ pro Kind ein weißes Blatt Papier oder das Arbeitsblatt „Die kleine Raupe hat einen wunderschönen Traum" (s. S. 59)
- ✓ Buntstifte
- ✓ evtl. Decken und kleine Kissen
- ✓ „wunderschönes" Mitbringsel von zu Hause

Einstieg in die Geschichte

Die Kinder setzen sich mit ihren Raupen auf die Decken. Es folgt zunächst das Reflexionsgespräch zur achten Übungsstunde. Motivieren Sie anschließend jedes Kind dazu, etwas über das Mitbringsel zu erzählen. Dabei spielt die Bedeutung, die das Mitgebrachte für jedes einzelne Kind hat, eine besondere Rolle. Dies sollten Sie herausstellen. (Verbalisierung der positiv energetischen Bedeutung).

Die Kinder legen sich nun mit ihrem Mitbringsel wieder auf ihre Decken/Kissen und hören die neunte „Raupengeschichte".

Vertiefung der Geschichte

① Malen

Die Kinder malen die Geschichte.

② Reflexion

Die Kinder äußern sich über die Geschichte, entweder spontan oder über ihr Bild. Die Wandlung/Weiterentwicklung der kleinen Raupe in einen Schmetterling wird hierbei besonders herausgestellt. Erinnern Sie noch einmal an die vorherigen Geschichten. Die Kinder erhalten hier die Möglichkeit, zu erzählen, welche Geschichte ihnen besonders gut oder nicht so gut gefallen hat.

③ **Ausblick**

Weisen Sie die Kinder darauf hin, dass in der folgenden Übungsstunde das Bilderbuch fertiggestellt werden soll. Die Kinder nehmen die selbstgebastelten Raupen entweder mit nach Hause, oder sie werden im Gruppenraum an die Wand geklebt/geheftet. Als Abschluss können Sie im Kunstunterricht eine riesengroße Wiese mit allen Raupen gestalten und noch Schmetterlinge (als erste Wasserfarbenaktion) hinzufügen.

Die kleine Raupe hat einen wunderschönen Traum

Die Geschichte

Die kleine Raupe hat einen wunderschönen Traum

Die kleine Raupe lag neben ihrem Freund unter dem Gebüsch am Wegesrand und schlief. Sie atmete langsam ein und aus. Und immer wieder: ein und aus. Sie träumte:
Sie träumte von ihrer Geburt, wie sie aus dem kleinen Ei geschlüpft war.
Sie träumte von ihrem aufregenden Weg vom Baum hinunter.
Sie träumte von ihrer ersten Begegnung mit ihrem Freund.
Sie träumte von den beiden Raupen, bei denen sie nicht mitspielen durfte.
Sie träumte von der Raupe, die ihr die Waldbeeren weggenommen und sie geschubst hatte und wie wütend sie deshalb geworden war.
Sie träumte von dem schönen Fest, das sie mit ihrem Freund und den anderen Tieren gefeiert hat.
Sie träumte von der Suche nach der Blätterdecke, welche Angst sie vor der großen Raupe hatte und wie sie mit ihr über die Angst gesprochen hatte.
Sie träumte von dem Streit mit ihrem Freund und wie sie sich wieder mit ihm vertragen hat.

Und wenn sie so recht träumte, dann hatte sie schon ganz schön viel erlebt:
Viele schöne Dinge und viele Dinge, die auch nicht so schön waren. Aber die kleine Raupe war froh über ihr Leben. Sie hatte großen Spaß an den schönen Dingen.
Am besten gefiel ihr dieses warme Gefühl im Bauch, wenn sie mit ihrem Freund zusammen war.

Aber auch wenn die kleine Raupe an die nicht so schönen Dinge dachte, wie an die Angst vor der großen Raupe oder an den Streit mit ihrem Freund, hatte sie es immer irgendwie geschafft, mit ihnen zu reden. Und dann – ja, dann – hatte sie wieder dieses warme Gefühl im Bauch. Die kleine Raupe träumte noch lange weiter. Sie träumte von dem Vogel, wie er seine Flügel ausbreitete und sich hoch in die Luft erhob, der warmen Sonne entgegen. Die kleine Raupe hatte plötzlich ein warmes und irgendwie leichtes Gefühl im Bauch. Es war ganz eigenartig. Irgendetwas geschah mit ihr. Sie fühlte, dass sie sich veränderte. Und da! – Sie sah sich im Traum wieder aus einem weißen Ei schlüpfen. Doch dieses Mal nicht als Raupe, sondern als wunderschöner Schmetterling. Und auch ihr Freund hatte sich in einen wunderschönen Schmetterling verwandelt. Die beiden Schmetterlinge sahen sich an, lächelten, nahmen sich bei den Händen und flogen, fröhlich tanzend, der Sonne entgegen.

10. Erstellen eines Bilderbuchs mit den „Raupengeschichten"

Das letzte gemeinsame Treffen der „Raupengruppe" beinhaltet das Erstellen eines Bilderbuches. Während der Arbeit können sich die Kinder nochmals frei zu inhaltlichen Dingen äußern, die sie vielleicht noch mit etwas zeitlichem Abstand beschäftigen. Evtl. können Sie als Lehrkraft nochmals zur emotionalen Verarbeitung beitragen, oder es ergibt sich ein weiterer Gesprächsbedarf zu den einzelnen Gefühlen der Raupe.

Wir beobachteten, dass die Kinder während des Bastelns noch viel über die Raupenerlebnisse erzählten und immer wieder auch eigene Erlebnisse einbauten.

Material und Vorbereitung

- ✓ Arbeitsblätter der Kinder
- ✓ Fotokarton für Deckblatt und Buchrücken
- ✓ Material zur individuellen Gestaltung des Deckblatts, z.B. Foto vom jeweiligen Kind mit seiner gebastelten Raupe, selbstgemaltes Bild der Raupe oder gebastelte Raupe mit den drei Elementen

Durchführung

Die Kinder basteln mit Ihrer Hilfe ihr eigenes Bilderbuch.

- ✓ Buchrücken evtl. gestalten
- ✓ Raupenbilder evtl. jeweils auf der Rückseite zusammenkleben
- ✓ Gestaltung des Deckblatts
- ✓ Lochen der Arbeitsblätter
- ✓ Buch mit Band zusammenbinden

Anschließend dürfen die Kinder ihre Bücher ausstellen und den anderen präsentieren. Wenn die Zeit für eine solche Aktion nicht reicht, können Sie auch selbst die Bücher binden und den Kindern, z.B. als Geschenk, präsentieren. Die Bücher können auch am Tag der offenen Tür, bei Elternabenden oder Festen ausgelegt werden.

Führen Sie abschließend ein letztes Mal gemeinsam das Ritual des Raupenspruchs durch.

Ausblick

In den folgenden Monaten (oder auch Grundschuljahren) können Sie in Konflikt- oder Gruppensituationen immer wieder auf die Raupe zurückgreifen. Hier hilft die Modellraupe, die zusammen mit den Kindern nach Lösungsmöglichkeiten sucht, indem sie Situationen noch fiktiv erleben kann.

Weiterführende Möglichkeiten

Die hier dargestellten Einheiten beziehen sich weitestgehend auf die inhaltliche Komponente der „Raupengeschichten", auf der sozialen und empathischen Ebene. Es gibt noch einige (fächerübergreifende) Weiterführungsmöglichkeiten bzw. Ergänzungen, die wir hier zum Schluss stichwortartig aufführen wollen:

- ✓ erfinden eigener Raupenerlebnisse (malen/schreiben/aufnehmen), diese vorlesen, spielen oder als Fantasiegeschichte nutzen (Schwerpunkt Deutsch)
- ✓ Thema Gefühle (Sachunterricht, Deutsch etc.)
- ✓ Thema Selbstwahrnehmung, sich selbst im Spiegel beobachten, mimische Darstellung von Gefühlen etc. (Schwerpunkt Ethik, Religion, Sachunterricht etc.)
- ✓ Sachaufgaben, biologische Untersuchung der Raupe sowie Lebensweise und Entwicklung (Sachunterricht und Mathematik zu Raupen)
- ✓ sich selbst malen oder fotografieren (Identität)
- ✓ Wie verständigen sich Tiere? (Kommunikation)
- ✓ Spaziergang im Herbst: Sinneseindrücke, Naturmaterialien sammeln und Raupenumgebung in Schuhkartonwelt nachbasteln (auch Kunstunterricht)
- ✓ Ausdrücken von Gefühlen mit Instrumenten/Stimme/im Tanz (Musikunterricht)
- ✓ Raupen bilden zu Musik
- ✓ Verklanglichungen der einzelnen Geschichten
- ✓ Memory mit gemalten Gesichtsausdrücken herstellen (Schwerpunkt Kunst)
- ✓ Schattenbilder, Handabdrücke
- ✓ Partnerarbeit „Fotoapparat": Ein Kind stellt ein Gefühl oder eine Szene dar, das andere Kind „fotografiert" es pantomimisch
- ✓ Spiele zum Umgang mit Aggressionen als Konfliktlösungsmuster mit dem Gefühl Wut („Schwammschlachten" beim Schwimmen; Ringen und Raufen im Turnunterricht)
- ✓ Sinnesgarten gestalten und erleben
- ✓ Gleichgewichtsübungen (man fühlt sich wohler im Gleichgewicht)
- ✓ Geschichten über Jesus, Zacharias, Bartimäus, St. Martin, den hl. Nikolaus (Religionsunterricht)

Literatur

Hellmich, Frank:
Einführung in den Anfangsunterricht.
Kohlhammer 2010.
ISBN 978-3-17-020020-3

Krumbach, Monika:
Soziales Lernen mit Kindern.
Ökotopia 2011.
ISBN 978-3-86702-138-8

Lange-Wandling, Anke; Herzig, Sabine:
111 Ideen für das 1. Schuljahr.
Verlag an der Ruhr 2008.
ISBN 978-3-8346-0363-0

MacDonald, Sharon:
Entspannt durch den Anfangsunterricht.
Verlag an der Ruhr 2012.
ISBN 978-3-8346-0938-0

Petillon, Hanns:
127 Spiele zum Sozialen Lernen in der Grundschule.
Beltz 2011.
ISBN 978-3-407-62794-0

Schilling, Dianne:
Soziales Lernen in der Grundschule.
Verlag an der Ruhr 2000.
ISBN 978-3-86072-489-7